ひきこもり時給2000円

岡本圭太 著

彩流社

はじめに

もし、「働かなくてもいいから、もう一度あのひきこもりの生活に戻してあげようか?」と神様に問われたら、いささか戸惑いつつも、「いいえ、神様。それは結構です」と答えるだろう。その理由は単純。あんなにつらくて苦しいものを経験するのは一度でじゅうぶんだからだ。これ以上は、もう、いい。

これは何度でも繰り返すけれど、「ひきこもり」というのは決して楽ではない。つらい。苦しい。恥ずかしい。情けない。人に見られたくない。自分自身を消したい。そうした気持ちを常に抱いていた。そのことを知らずに、「甘えだ、怠けだ、ずるい」と糾弾する人は、今も減らないが。

社会からひきこもった生活を送ることは苦しいが、働くことはもっと苦しいと思っていた。だから、働けなかった。「働かなければ」と思いつつ、その一歩が出ない。働くことを考えるだけで、こころが、そして身体が固まってしまう。そうした日々を送るうち、いつのまにか時間だけが経っていた。その時間は、気がつくと取り返しのつかない大きさにまで育っている。「このまま終わってたまるか」という気持ちよりも、あきらめの心理のほうが先に立ってしまう。そしてそのうち、何も考えられなくなった。

この本の中にも記したが、僕は二二歳頃からの約三年間、社会や対人関係から撤退した生活を送っていた。二五歳でそうした生活に一応の区切りをつけ、通院や、ひきこもりの当事者グループの活動を中心とした五年間を経て、三〇歳から働き始めた。その後は不思議なご縁に恵まれて、若者向けの就労支援施設で相談員の仕事に就き、本業の傍ら、半ばライフワークのようにして、「ひきこもり」というものに関わってきた。

この本に収められた文章は、そんな僕自身の実体験や、それ以後の生活を元にして書かれたものである。言ってみれば、ひきこもり体験者によるエッセイ集。取り扱っているテーマは、ひきこもり当時の生活や心情、親との関係、就労、最近思うことや考えていること、社会についての考察など、多岐に渡る。

さて、こんなことを書くと、せっかくこの本を手に取ってくれたあなたをガッカリさせてしまうかもしれないが、事実なので先に書いてしまおう。

この本には、「ひきこもりの解決法」だとか、「ひきこもる子ども（大人）を外に引っ張り出すための特効薬／処方箋」みたいなことは書かれていない。ひきこもる子どもを持つ親御さんの中には、そういう特効薬的な内容を期待されている方が多くいらっしゃることは承知している。だがこの本は、そういう「解答」を意図して書いたものではない。なぜならば、そういう「ひきこもりにすぐ効く」魔法みたいな方法は、そもそも存在しないからだ。もし、そういう特効薬的なものを謳う書籍や団体があったなら、いちど眉に唾をつけて臨んだほうがいい。

この本には、僕が体験したことや考察したことを、わりとしつこく、たくさん書いた（誰かのためではなく、ほとんど自分のためだが）。「書く」という作業は、僕にとって、自分の整理のための作業であり、もっと大袈裟に言えば、魂の救済でもあったのだ。

もちろん、僕の体験は、全国で優に一〇〇万人を超えるとも言われるほど多くのひきこもり者のうちの、たったひとつの事例に過ぎない。この本に書かれた内容が誰かの参考になることも(きっと)あるだろうが、参考にならないこともあると思う。そこはご容赦いただきたい。同じ「ひきこもり」という言葉で括られてはいても、そこは千差万別の体験である。僕ひとりの経験が、「すべての人の参考になる」ということはあり得ない。

だが、その僕という小さな一個人の体験が、この本を手に取ってくれた方にとって、何らかのヒントや参考になってくれたら、とても嬉しく思う。

ここに掲載された文章は、『不登校新聞』(連載開始当初の名称は『Fonte』)や、『リロード通信』(ひきこもり等の支援団体である「NPO法人リロード」の月刊通信)に掲載した文章などからその一部をセレクトし、これに加筆修正を施したものである。なお、一部の原稿と終章は、本書のための書き下ろしとなっている。各文章の初出一覧は巻末を参照されたい。

本当はもっとたくさんの文章を収録したかった。だが紙幅の都合で、収録できたのはこれまでに書きためた文章のうち、約三分の一に留まった。しかしそれでも、この本を読んでくれた方にとって、これが何かの支えや気づきになってもらえれば、これにまさる喜びはない。

二〇二三年一〇月

岡本　圭太

もくじ◉『ひきこもり時給2000円』

序――勇気を持って床屋に行こう

二〇〇二年七月の上旬。つまり、サッカーワールドカップのブラジル対ドイツの決勝戦が終わってから数日経った頃、僕は見事に鬱状態にはまっていた。

六月三十日の決勝戦が終わったら虚脱感でフヌケになってしまうのではないかと、僕はワールドカップが始まる前から結構真剣に心配していたのだけれど、意外なことに実際にはそれほどのことにはならなかった。フランスやアルゼンチンなどの強豪国が早い時点で次々に負けて、いささかおもしろみに欠けた大会だったせいもあるけど、まあ思ったほどのダメージはなかったし、そういう意味ではよかったと思う。まあそういう意味では。

決勝戦が終わってから何日かして、ふと思い立って髪を切りに行った。ここらで気分を変えたほうがいいと思ったからだ。六月中はもう「ワールドカップ月間」なので、ほとんど何もできないに決まっている。だからそれはあきらめていた。なにしろ四年に一度のワールドカップで、しかも自国開催なんだから。だから六月はまるまる休みにしようと決めていた。ただ、ワールドカップが終わったあともその状態が続くようだとまずいな、という心配はあった。終わったらちゃんと気持ちを切り替えなければ。七月はちゃんとしよう。そして気分転換をするには、髪を切るのがいちばんだ。

思ったら即行動で、行き慣れた近所の床屋に行った。ここには高校生の頃から通っている。もうかれこれ十年近い。雰囲気は美容院と床屋の中間くらいの感じで、街中ではない近所の住宅街にあるわりには腕は良い。以前、何かのコンクールで入賞したこともあるという話だったし、壁にはヴィダル・サスーンからもらった直筆の手紙（写真入り）が飾ってある。サスーンの手紙が飾ってあることが必ずしも技術の証明になるとは言えないだろうけれど、でもなんとなくそれらしい雰囲気はある。少なくともそれまでに行った近所のどの床屋よりも上手だったし、実際、僕もとりたてて不満らしい不満はなかった。だから十年近くも通い続けたわけだ。

　この日は空いていたので待ち時間はなし。しかも店長さんに当たった。この人がいちばん上手だし、仕事も早い（何の分野でもそうだと思うけど、上手い人は仕事が早い）。いつもどおりに椅子に座る。そこまではよかった。が、しかし。

　店長さんに当たったからと油断していた僕もかなり悪いのだけれど、気がついた時にはひどいことになっていた。なんというか、過去十年で最低最悪の出来である。何の芸もないし、自分で自分にうんざりするほどひどかった。店長さんは「しまった失敗した」というふうもなくいつもどおりで、僕だけが半分呆然としながら店を出た。家に帰って母親に見せたら「なんかイカさないおっさんみたいだねぇ」と言われた。でも、母の言うとおりである。イカさないおっさん。何もここまでしなくてもいいだろうにと思うほどひどい。これじゃ人前になんて出られない。誰にも会えない。実際それから数日間は家の外には出ず、鏡も極力見ないようにしていた。ふだん帽子はかぶらないのだけど、この時ばかりは帽子がないと生活できなかった。

人から見たら馬鹿みたいだろうけれど、鬱の原因は自分の髪型だった。髪を切る前に思っていた「気分転換してリフレッシュしよう」という考えは、完全に裏目に出た。こんなんじゃ何も手につかない。そして実際、何も手につかなかった。

毎日鬱々としていてもしょうがないので、どうしたらいいか考えた。最初に思いついたのは同じ店に行ってもう一回切ってもらうことだが、切ったすぐあとというのは「全然気に入りませんでした」と言いにいくようなもので行きづらい。二週間くらいあいだを開けてから同じお店に行くというのも手だけれど、問題はこれから二週間ものあいだ、このひどい髪型のままでいることには耐えられないということだった。そんなことをしたら鬱がどこまでいくかわかったもんじゃない。「少し伸びたら馴染んでくるよ」的な雰囲気もまるでなかった。そんなもの全然ありゃしない。

よそのお店に行くことも考えた。でもこの場合の問題は、うちの近所では今まで僕が通っていたお店がいちばん上手で、ほかは全部それ以下だということだった。「とりあえず今の状態を何とかしたい」という気持ちもすごくあったのだけれど、でもだからといって、「それ以下」のところでやってもらうというのもなんだかくやしい気がする。もういっそのことヤケクソで小野伸二みたいなスキンヘッドにしてしまおうか？

で、結局どうしたかというと、もうどうせだからということで、ここで思いきって新しいお店を開拓することにした。カリスマ美容師なんていなくていいけれど、でもとにかく今のお店よりももっと感覚の若い、今ふうのところに。近所の店ではダメだ。

たかが髪を切るところを変えるだけで「思いきって」などというのは人から見たら馬鹿げているかもしれないけれど、十年近く続けてきて半ば習慣と化していたものを変えるというのは、ひどく力の要ることだった。それに、「開拓する」といっても、それまでそういったことにあまり関心がなかったので、どういうところがいいのかほとんどわからなかった。ファッション誌の類もまず読まないし、そもそも元ひきこもりである。

友だちに聞いたりインターネットでさんざん調べたりしたあと、なんとか横浜に良さそうなところを見つけた。今までと違ってユニセックスの美容院である。思いきりついでに「ＡＣＱＵＡ」や「ＰＥＥＫ‐Ａ‐ＢＯＯ」みたいな、原宿や南青山のまさに最先端のところに行ってもよかったのだろうが、いくらなんでもそこまでするだけのエネルギーはなかった。毎度毎度そこまで通うのも億劫だし、だいたい、今のこのみっともない最悪な頭でそんなファッショナブルなところのドアを開ける勇気なんてない。そういうところはまた今度でいいです。

十年振りにお店を変えることを決めて、いざ出かけたまではよかったのだが、目当てのお店の前まで来たものの、店の前をうろうろ往復するだけで、なかなか中に入る勇気が出なかった。次こそは次こそは……と思うのだけれど、どうしてもそのまま素通りしてしまう。二回…三回…四回…五回……。はじめてひきこもり系の自助グループに参加した時、なかなか部屋のドアを開ける勇気が出ずに何度も部屋の前の廊下を往復した時のことを思い出す。どうしようどうしよう、このままじゃ時間がなくなっちゃう。せっかくここまで来たのに。

なんだか妙に疲れたのでちょっと休もうと思って近くのベンチに腰かける。時計を見ると時間は四時四五分だった。思いのほか時間が経っている。いつまでもこうしているわけにもいかない。あまり遅くなると今日の受付が終わってしまうし、そうでなくても夕方になれば混んでくる。ユニセックスの美容院特有の「女の中に男が一人」的状況で長々と待つなんて嫌だ。ただでさえ人に見られたくない頭なのに、そのうえその状況で待つだなんて。ああ、もう。

あれこれ悩みながら、しばらくここで座って休む代わりに五時になったら行こうと決める。これであと十五分はここにいられる。ちょっとひと心地。でも、予想されたことではあるけれど、時計が五時を指しても体はいっこうに動かなかった。このままじゃいけないと思って立ち上がるのだが、歩き出した方向は目当てのお店とは全然違う向きだったりする。いや、そっちはＨＭＶなんだけどな。

こうなるともうダメである。歩きながら「早く時間が経たないかな」と心のどこかで思っている自分がいる。自分で「行かない」ことを決めるのはしんどいけれど、時間的にもう間に合わないのなら仕方ない。だってもう間に合わないんだから。そうやって「行く」と「行かない」のあいだを揺れながらしばらく歩き、結局その日は美容院には行かずじまいで電車に乗って家に帰った。今日一日、俺は何をしてたんだろう……と自己嫌悪になる。こういうのはしょっちゅうだ。

次の日、「今日こそは」と思ってまた出かける。鏡を見て少し暗い気分になりながら気持ちを固める。行くしかない。きのうは結局行けずに終わったので、きのうと同じことにならないよう早めに家を出た。行きの電車の中で、今日はうろうろ往復することなしに一発で入ってしまおうと決める。いちど通り過ぎてしまったらもうダメだろうから……。でもその意志はあえなくしぼみ、僕は店の前を通り過ぎてしまう。つくづくヘタレ野郎である。これではいけない。このままではきのうの二の舞だ。まるまる無駄にしたきのう一日はいったいなんだったのか。いつまでもこうやって逃げ続けることはできないし、どのみちこのままの状態でいるわけにはいかないんだ。そう二五回目くらいに自分に言い聞かせたあと、思いきってドアを開け、店の中に入った。

結果からいうと、僕は仕上がりにかなり満足してそのお店を出た。嬉しくなってそのあとすぐに予定外の買い物をしてしまったくらいだ。元が酷かったからある程度は割り引かなければならないだろうけれど、でもやっぱり店を変えて大正解だった。なんだ、こんなことならもっと早いうちからこういうとこに来りゃよかったと思った。まさに「案ずるより産むが易し」である。

僕はそこがすっかり気に入ってしまって今もそこに通っているし、美容師さんとも馴染みになって、ずっと同じ人を指名している。もう慣れてしまったから、今ではドアを開けることにも抵抗はない。店の前をうろうろ往復なんてしない。さっと行ってさっと入る。以前の店にはもちろん行っていないし、もう行くこともないだろう。

あとから振り返ってみると、最初にこの店に入るまでにさんざん迷って悩んでうろうろしていたのはなんだったんだろうな、と思う。いったん越えてしまえばたいしたハードルではないし、越えてしまったあとでは、そこにハードルがあったことすらよく認識できないのだけれど、でもそれを越えるまでは、ものすごく大きな壁に見える。実際は自分で壁を高くしてるんだけど。

＊

そんなことを湯船に浸かりながらぼえ〜っと考えていたら、そういえばこういうことは前にもあったなとふと気がついた。僕が精神科に通院を始め、ひきこもり状態から抜け出す転機となった時のことだ。

ある日、ひきこもりを扱った雑誌記事を偶然読んで、僕は百万人ともいわれるほど多くのひきこもり状態にある人たちが存在することを知った。それ以来、「自分はひょっとしたらひきこもりなのではないだろうか。もしそうだとしたら、ひきこもりを扱っている精神科か何かに行けばなんとか道が開けるのではないだろうか」と真剣に考えるようになっていった。その時期は自分ひとりでどうにかすることに限界を感じて、誰かの助けが欲しいと思い始めていた頃で、その時点で僕のひきこもり的生活は約二年になっていた。

「自分ひとりでどうにかすることはもう無理だ。誰か第三者の助けを借りるしかない」

そうあきらめて精神科に通院することを決意したものの、実際にそれを実行に移すことはなかなかできなかった。この時も今回と同じように、本やインターネットであれこれ情報を集めて目当ての病院を決めるところまではいったが、でもそこからが長かった。「明日こそ行こう、明日こそ行こう」と思うのだけれど、どうしても行動に移せない。夕方になって今日はもう間に合わないとわかるとホッとした。長く密度の濃い一日。そういう日々が続く。一日延ばしに結論を先送りしていく。そのうちに週末がやってくると、「来週の月曜になったら」と考えてちょっと気が楽になる。来週になったらなったで、「明日こそ、明日こそ」の日々が続く。そして週末、来週。週末、来週……。そうやって無駄に過ごした日々が積み重なっていくうちに、だんだんその「無駄に過ごした日々」の重さに押されるようにして、「もういい加減どうにかしなければ」という思いが日増しに強くなっていった。そして自分が引いていたデッドラインぎりぎりになってようやく病院へ行った。「もうあとがない。今日しかない」という思いで。そこに至るまでに要した時間はだいたい三週間程度だったと思うが、もちろんその三週間はその二倍にも三倍にも長く感じられた。

でも、結果的にそれが転機になった。通院を転機に、それ以来いろんなことが良いほうへ良いほうへと回り始めた。自分の状態を理解してくれる医師に出会い、信頼できるカウンセラーに出会った。同じ悩みを抱えた人たちの集まりへと参加するようになって、少しずつ自分のことを冷静に客観的に捉えることができるようになった。それまでずっと抱えつづけていた苦しさは、引き潮のようにゆっくりとだが、しかし確実にその水かさを減らしていった。まったくのゼロになっていた友だちは両手足の指では数え足りないくらいに増え、今では本当に仲の良い友だちにも恵まれている。両親にも僕の状態が「怠け」ではないのだということがわかったことで、それまで険悪だった家の風通しは大幅に良くなった……等々。不思議なもんだな。良い流れが良い流れを呼ぶのだ。とても都合よく。

通院開始から三年以上経った今でも、自分の「ひきこもり問題」はまだ終わっていないし、今の自分の状態にも満足はしていない。まだまだ解決されなければならないことはいくつも残っていると感じる。「ひきこもり状態から抜けたからこれで終わり」ではないのだ。でも、ひきこもり真っ盛りの頃の、カーテンを閉め切った部屋の中で一日中布団の中で呻いていた頃の状況から比べれば、これは信じられないくらいの変化だ。

別に統計とかがあるわけじゃないけれど、すべてのひきこもり経験者の中でも、おそらく僕は良い経過を辿っているほうに入るだろう。そして今の自分があるのは、やはりあの「転機」あってこそであり、そこに辿り着くまでに要した、一見まったくの無駄な時間にも思える長い長い逡巡の時期があってこそなのだと思う。

ぐずぐずしていて行動を起こすことのできなかった長い時間のあいだに、少しずつある種の力がダムの水のように蓄えられ、それが僕の背中を押したことが契機となって、そのあとの良い出会いや良い流れを呼び寄せたのだと僕には思える。そういう意味では、今回の美容室の件とその前の僕にとっての「転機」の件は（少なくとも僕にとってはということだけれど）、事の大小の差こそあれ、その意味合いにおいてはほとんど同じことなのだ。

こんなことを言うと、「そんなのしょせん結果論だよ。たまたま報われたからそう思えるだけなんだよ」と言われそうである。たしかに、なんのかんの言ってみたところで、しょせんは結果論に過ぎないのかもしれない。もしそう言われたら、僕はそれに対して有効に反論できないかもしれない。でも必ずしもそういうものでもないんじゃないかと僕は思う。そりゃあ「まるで報われなかった」と思えることだって世の中たくさんあるけれど、長いスパンで見ればそれがその後まったく何の役にも立たなかったということはあまりないのではあるまいか。もしそれが「まったく役に立たなかった」のだとしたら、それはその失敗から何も学ばなかったということになりはしないだろうか。

あの長い「無駄な時間」は、実は「必要な時間」だったのだろうと僕は思っている。きっと「まったくの無駄な時間」などというものは存在しないのだ。あるいはこういう考えは間違っているのかもしれないけれど、でもそう考えていた方が人生は楽しいのではないかと思う。後ろ向きの考え方ならひきこもっているあいだにたっぷりこなしてきた僕にとって、希望のない考え方というのは、もうそれほど魅力的には映らないのだ。

（二〇〇二年十月執筆）

第1章

わたしってこんな人です

春の憂鬱

春、そして四月。またこの憂鬱な季節がやってきた。

「早く桜が散ってくれないかな」と思っているといったら驚かれるだろうか？「ようやく桜の花が咲いたというのに、こいつは何を馬鹿なことを言っているんだ？」と。

でも、少なからぬ数のひきこもりの人たちにとっては、それが実感なのではないかと思う。桜の花なんて早く散ってしまえばいいのに。早く春が過ぎて五月になればいいのに。

ひきこもっている人にとって、桜の季節ほどつらい時期はほかにない。春は卒業と進学、就職に転勤など、まわりがそわそわしてどうにも落ち着かない季節だ。周囲の人や昔の友人たちは、次々と新たなステージへと踏み出しているのに、自分だけが取り残されてどこにも行けない。辿り着かない。自分だけが完全に周回遅れ……。

そんな不安と苦痛に満ちた春を、僕も何度も通り過ぎてきた。今でも桜の木を見上げると、「きれいだな」と思うよりも先に、「現役のひきこもりの人たちは、今きっとつらいだろうな」という思いが先に立ってしまう。これはたぶん仕方がない。あの時期の記憶が鮮烈にすぎるのだ。

桜の季節で僕が決まって思い出すのは、TBSの「NEWS23」のこと。僕が二十代の時には、この時期になると毎年コナカのリクルートスーツのCMをやっていて、番組の合間にこのCMが始まると生きた心地がしなかった。となりにいる両親がいつ就職の話を持ち出すかと、常にビクビクしていた。だからこのリクルートスーツの時期には、夜の十一時が近づくと、そっと居間を離れて自室へと戻っていた。当時は俳優の布施博がＣＭキャラクターだったのだけど、彼のことが真剣に嫌いになった（布施さんには申し訳ないとは思うのだけど）。

僕がひきこもったきっかけは、大学の時の就職活動。就活は一応、やるにはやったが、ただのひとつも面接に受からなかった。一次面接にすら通らないのだから、最終面接なんて夢のまた夢。重役たちがズラッと居並ぶ光景なんて、あんなのドラマの中でしか見たことがない。面接に落ちるたびに自分を否定されたような気持ちになって、ついには心が折れた。見事に就活に失敗した僕は、恥ずかしさと居場所のなさから、社会との接点を失っていった。友だちとは距離を置き、所属していた大学のサークルにも顔を出さず、親戚とも疎遠になった。

とにかく、「どうして就職しないの？」という質問が恐ろしかった（就職しないいんじゃなくて、できないいんです）。翌年に持ち越した就活では、資料請求のハガキを書くことすらできず、働くことが怖くてアルバイトもできなかった。就職どころかフリーターにすら手が届かず。決して望んでそうなったわけではないが、気がついた時には自分の部屋しか居場所がなかった。あの季節は本当に苦しかった。そんな経緯があったものだから、かなり長いあいだ僕は、四季の中で春がいちばん嫌いだった。桜の季節が苦手で、ずっと疎《うと》ましく思っていた。まあ、今はもう、なんともないのだけれど。

（二〇一五年四月執筆）

親や家族について

うちは会社員の父（一九四六年生）と専業主婦の母（一九四九年生）、それと僕という三人家族だ。きょうだいはいない。父は六十歳を少し過ぎてから会社を退職し、今の両親はそろって母の実家のある静岡で暮らしている。今の僕と両親の仲は良好そのものだが、僕が働けなかった時期はずっと険悪だった。いや、険悪というのは少し違うだろう。僕がほぼ一方的に両親を避けていたのだ。親の言葉を恐れていたからだ。

どんな言葉を恐れていたのか？　もちろん、「これからどうするんだ？」、「親はいつまでも生きていないぞ」。基本的にこのふたつ。親が投げてくる球種はあらかじめわかっている。ストレートかカーブ。ストレートでなければカーブだし、カーブでなければストレート。とてもわかりやすい。しかし問題は、どちらの球種も僕にとっては拷問以外のなにものでもなかった、という点にあった。だから僕が取る選択肢はひとつだけ。何か言われる前に逃げる。親との接触を極力避ける。これ。兵法三十六計、逃げるに如かず。食事はギリギリいっしょにとっていたが、いつ、何の気まぐれで親がそれを持ち出してくるかと、ずっとビクビクしていた。半ば無意識に昼夜が逆転し、家族と顔を合わせない生活へと突入していった。

大学を卒業したのに就職できない自分。二三歳、二四歳。いまだに親のすねをかじっている。恥ずかしいし、情けない。「働かなければ」とは思うけれども、怖くて求人誌を開くこともできない。

「どうするんだ?」とか言われても困る。だって、どうしたらいいかわからないのだから。そして、よりいっそう社会から撤退していき、さらに事態が悪化する。いつのまにか年月が過ぎて、ますます挽回が難しくなる。リピート。

奇妙に静まり返った部屋の中、僕は家族の足音に耳をそばだてる。僕は自室にいて物音を立てない。自分の気配を、自分の存在を極力気《け》取られたくない。親の足音が階段を上がってくる。一歩、そしてまた一歩。その不吉な足音が僕の部屋のドアの前を通り過ぎる時、僕の心臓は一瞬小さく縮み上がる。心臓が鼓動をやめ、僕は思わず目を閉じる。いつか親がドアノブに手をかけて、働けない自分を悪しざまに糾弾するのではないかと恐れる。

そして、足音がドアの前を通り過ぎると、僕はゆっくりと胸をなでおろす。一日に何度もそれをくり返す。親の一挙手一投足にいつも怯えていた。だから日曜日の居間なんて、とてもじゃないけど降りてはいけない。新聞の日曜版に挟まれた求人広告を目にした父が何か言ってくるんじゃないかと、常に戦々恐々。日曜の昼間に父親のいる居間に降りていくなんて、銃弾が飛び交う戦場にわざわざ自分から出て行くようなものだ。

よって、僕は自室で一日中息を殺すことになる。トイレに行くタイミングも慎重にはかり続ける。夜中に冷蔵庫を襲撃して、冷えた食材を静かに食べる。

……という話をある親の会でさせてもらったら、ある親御さんから、「子どもの足音に耳をそばだてているのは、親も同じなんですよ」と教えてもらった。なるほどそうか。そういうのってお互いさまなのかもしれないですね。

（二〇一五年四月執筆）

ひきこもっていた当時のこと

僕がひきこもっていた二、三年のうち、最も苦しかった時期の記憶がない。いや、「記憶がない」のとは少し違う。「最も苦しかった時期」の記憶が混濁していて、それがいったいいつで、どれくらいの長さだったのか、まるでわからないのである。ひきこもり始めの頃や、そこから出てからのことならほとんどわかる。しかし、最も苦しかった時期（昼間からカーテンを閉め切って、一日中布団の中で呻いていた時期だ。それほど長くはないはずなのだが……）の輪郭は、まるで薄暗い湖の底に沈んだ古い木箱のように、暗く、手の届かないところにある。今も、ぼんやりと霞んだままだ。たぶんこの先も、ずっと霞んだままなのだろう。

社会から撤退してからのいちばん苦しい時期、僕は毎日悪夢を見た。内容はいつも同じ。大学時代の仲間に馬鹿にされる夢。ハッと目が覚めて、起きてからもじっとり汗をかくような、寝覚めの悪い夢だ。学生の時にそうしたことがあったわけではない。おそらくは、自分の現状を認められない自意識の発露が、夢という衣をまとって僕を苦しめ続けたのだろう。今ならそのように理解できる。もちろん、当時は無理だ。

社会生活から遠ざかって一年以上が経つと、毎晩のように悪夢を見た。いや、夜だけではない。昼間のあいだ、ごく短くうたた寝をしただけであっても、必ずといっていいほどそれはやってきた。当時の僕は、起きているとつらいことばかりを考えてしまうので、眠ることで現実のきつさから逃れようとしていたのだが、気がついた時には、そのつらい考えは眠りの世界にも侵入してきた。心の逃避場であった眠りの世界が侵されたことで、僕には逃げ場というものがなくなった。悪夢が恐ろしくなった僕は、なるべく眠らないような努力を始めた。まるで雪山で遭難した登山者のような努力を（もちろん、そこに勝ち目なんてない）。

そして、それとほぼ同じ時期、僕は毎日死ぬことばかり考えていた。なぜそこまで死を考えたのかはわからない。ただ、死ねば言い訳が立つように思えた。どうして死ねば言い訳が立つのかは、自分でもわからなかったのだけれど。そして、そのあたりから時間の感覚が不鮮明になった。前後の不確かな泥の中を歩いていた。

それからどれだけの時間が経過したのか、定かではない。だがある時、僕は「夢よりも現実のほうが楽になっている」という事実を発見する。いつの時点からかは不明だが、現実のつらさと夢の中のつらさの度合いとが逆転したのだ。そのことに気づくと同時に、僕の中で何かが変わった。風船の中の空気が少しずつ外に漏れ出ていくような、わずかな手応え。そして変化。「誰かに相談してみたい」と思い始めたのも、たぶんその頃だったように思う。

社会からひきこもった生活を抜け出して、はや一五年が経つ。働き始めてからは十年。さすがに、あの頃と同じような夢にうなされることはもうない。しかしほんの数年前までは、何度も大学時代の夢を見た。眠りの世界ではいつもあの頃のままだ。もうひきこもってはいない。人間関係だって取り戻したし、仕事だって始められた。かつて僕がいた場所はずいぶん遠くになった。「でも、夢だけは許してくれない」。そんな思いを抱えながら過ごした日々を、つい昨日のことのように思い出す。

（二〇一五年五月執筆）

ひきこもりから出たきっかけ

家族会とかでたまに講演らしきことをすると、「岡本さんがひきこもりから出たきっかけはなんですか？」という質問を、ほぼ必ずと言っていいほど受ける。親御さんの関心はやはりそこのところにあるようで、僕がその話を始めると、みなさんの身体の重心が一段前に移る。「まあ、そうだよな」と思う。なので、今日はそういう話を書いてみたい。

僕がひきこもりから抜け出した直接のきっかけは、「ひきこもり」というものを知ったことだった。長年、自分の状態がわからなくて苦しんでいたけれど、「ひきこもり」というものを知って光が射した。「そうか、自分はこれだったのか。ならば、自分と同じような人と出会って話をしたら、何かヒントが見つかるかもしれない」。いっこうに出口の見えない沼の中で、ひと筋の希望の光が見えた気がした。

その「ひきこもり」なるものを知ったのは、実はまったくの偶然。家で使っていたドライヤーが壊れて、新しいものを買ってきてくれと母に頼まれ、近くの大型電気店で用を済ませた帰り、近くの本屋で買った『文藝春秋』の中に、その出会いはあった。久田恵さんというルポライターが書いた「ひきこもり１００万人の悲劇」という記事。「ひきこもり」という言葉を聞いたのはこれが初めてだったけれど、読んでみたら、まるで自分のことのように思えた。ためしに当てはまるところにペンで線を引いてみたら、記事の中が青のインクで埋め尽くされた。ああ、そうか。そういうことだったのか。

それからの僕の動きは早かった。記事の中にあった書名を頼りに図書館に行き、類書をまとめて借りてきて読んだ。いよいよ自分はひきこもりなのだという確信を得ると、ネットでひきこもりを診てくれそうな医者を探して受診した。もちろん、すぐに病院に行けたわけではなくて、三週間以上ものあいだ、毎日毎日、「行く」と「行かない」のあいだで迷い続けた。「今の状況を変えられるかもしれない」という期待がある一方で、今の状況を変えることへの怖さもあった。今の自分の現状に正面から向き合うのはやはり怖い。だから、いざ受診するという日はひどく緊張した。本当に怖かった。それでも、「二五歳になる前に現状を変えたい。いや、それまでに変えなければ」という気持ちがあったから、どうにかして最初の一歩を踏み出すことができたのだ。

そして、この受診が転機になった。医師から「ひきこもり」という名前を与えられたことで、僕は自分の現在地をつかむことができた。自分が立っている場所さえわかれば、どっちに向かって歩いていけばいいかは、おのずからわかる。この「ひきこもり」という名前を与えられた時点で、僕の悩みは半分解決したのだと思っている。

考えてみれば、ものすごい偶然だ。家のドライヤーが壊れるのがあと一ヶ月早かったり、逆にあと一ヶ月遅かったりしたら、その記事が載った号には巡り逢わなかったかもしれない。ドライヤーのお釣りがポケットの中に入っていなかったら、『文藝春秋』を買うこともなかったはずだ(なぜなら、当時の僕にはお金がなかったから)。

でも、いちばん重要なことは、その頃の僕が「自分ひとりで解決するのはもう無理だ。誰かに相談したい」という気持ちになっていたことだろう。その気持ちがなかったら、いくら情報があっても動くことはできなかった。そう考えると、タイミングというのは不思議なものだな、とつくづく思う。

(二〇一五年五月執筆)

医療やカウンセリングについて

長い逡巡のあと、意を決して訪れた精神科の診察室で、僕は医師から、「ひきこもり」という名前を与えられた。そしてそこから、精神科通いと精神科医療の利用が始まった。やっとここに来て、僕のひきこもりからの回復がはじまったのだ。

僕が精神科医療を活用して最も良かったことは、自分の状態をきちんと理解できたことだった。これははっきりとそう思う。

「自分の状態が何なのかわからない」というのが、それまで僕が最も困っていた点だったから、専門家の目からそこを客観的に（「ひきこもり」というかたちで）示してもらえたのは何より助かった。自分の現在地を把握できれば、これから自分が何をしていけばいいのか、どっちに向かっていけばいいのか、おぼろげながらも理解はできる。

そして、医療を活用して良かったことの二点目は、自分の状態について否定的なまなざしを向けられなかったことだった。これはひそかに大きい。どうしたらいいのかわからなくて困って医者に行ったのに、そこで「ただ単に甘えているだけでしょ」みたいなことを言われたら、まず立ち直れない。専門家から「甘えや怠けではない」とハッキリ言ってもらえたのは安心したし、その後に利用したひきこもりデイケアでも、スタッフの皆さんから、ごく普通に接してもらえたことは非常に励みにもなった。

薬物療法については拒否感を持たれる方も多いけれど、僕の感触では、そんなにヤバいものではないと感じている。身体の病気で薬を飲んだり、風邪薬を飲むのと基本は同じというのが、僕の感触である。

ただ、薬にはどうしても相性というものがあるので、「薬が合わなかった時にそれを伝えられる信頼関係を医者と築けているかどうか」が重要になる。どんなに効果の高い薬があっても、無理やり飲まされたのでは効くものも効かないし、逆に、信頼している人の処方だったら安心して飲める。もし仮に薬が合わなくても、それをしっかりと医者に伝えられる。治療は医者と患者が二人三脚で進めていくものだから、お互いの信頼関係が必要になる。したがって、人の話を聞かない医者はまずダメだ。僕もそういう医者に当たったことが一度だけあるけど、さっさと転院して別の医者に替えて現在に至っている。

あと、医療や支援機関を利用する上で僕が気をつけたことは、「医師の診察」「カウンセリング」「デイケア及び当事者グループ」を、同時並行的に使うことだった。結果的に「三位一体」のかたちになったわけだけれど、医者にすべてを期待するのではなく、複数の支援を使い分けたのは自分でも良かったと思う。

言うまでもないことだけれど、医療にできることは限られている。診療時間も初診を除けば一〇分程度だし、そこで何もかもができるわけではない。できるのはあくまで医療的なアプローチだけ。時折、「医者に行けばすべてどうにかしてくれる」と勘違いしている親御さんがいるけど、そんなことはありません。無理です。診察室の中でできることには、どうしても限りがある。医療に対してあまりに過大な期待を抱きすぎると、期待が裏切られた時に大きな失望になって返ってきてしまうから、やはりここは気をつけたほうがいい。

あと、僕が「たぶんこれがいちばん大事だな」と思うのは、自分自身が「治したい／良くなりたい」と思うこと。仮に通院しても、「自分は何もしないで医者に治してもらう」という受け身の姿勢では、なかなか改善は見込めない。主人公はあくまで患者自身であり、周囲の人はそれを手伝うことしかできない。本人に治す気がなかったら絶対に良くならない。これはひきこもりに限らず、何の病気でもそうですけどね。

（二〇一五年六月執筆）

親の関わり

「僕がひきこもっていた当時、どんな関わりをされて嬉しかったか。あるいは、どんな関わりが苦痛だったのか」。これは講演会などでも、本当によく聞かれる質問だ。

僕が「親にされて嫌だったこと」の第一位は、「これからどうするんだ」、「親はいつまでも生きていないぞ」といったたぐいの突き上げだった。まあ、言うでしょうね、普通。でもこれが嫌でしかたがなかった。これを言われたくないからひたすら親を避けたようなものだ。

わかっているんです、今の状況がまずいということは。いい歳の大人なんだし、いつまでも自立しないで親のすねをかじっているのなんて、ぜんぜん良くない。自分でも恥ずかしいし、情けないと思っている。早く抜け出したい。でも、どうしたらいいかわからない。だから長期化しているわけです。その状態の人に「どうにかしろ」と言っても、まずどうにもならない。せめてもう少し具体的に、「こういう場所があるから相談に行ってみたら?」とか、「ここにこんな記事があるから参考にしてみたら?」みたいに、「どうしたらいいのか」のところを提案するほうがよほど効果的だ。非難や叱責に走りたくなる気持ちは理解できるけれど、はっきり言って批判や叱責には意味がない。それができるくらいならもうとっくにやっているし、むしろ相手を萎縮させ、殻に閉じこもらせるだけである。なんだか「北風と太陽」みたいな話だけど。

逆に、僕が「家族にしてもらって嬉しかったこと」は、今の自分をありのままに認めてくれて、無用の突き上げをしなくなったこと(心理的な理解)。それと、病院や居場所に通うための費用を負担してくれたこと(経済的な理解)。このふたつ。

このふたつを親がやってくれるようになったのは、両親に病院に来てもらって、医者から説明をしてもらってから。もちろん僕から説明する手もあったのだけど、専門家の口から言ってもらったほうが効き目があると思ったので、わざわざ手間をかけて医者から説明してもらうことにした。

そこで僕が医者に希望したのは、

①「自分の状態が何かを親に伝えてほしい」

②「通院のための交通費や医療費は確保したい」

というふたつだった。なぜお金のところにこだわったかというと、病院に通えなくなったらアウトだから。これができなくなったら非常にまずい。せっかく自分が助かる光明が見えたというのに、その唯一の糸すら切れてしまう。僕としては、そこはどうしても譲れない一線だったのだ。

医師からの説明の結果、親の対応は大きく変化した。以前のような突き上げもなくなったし、経済的な部分でも援助してくれた。脅かされない安心感があるから、家族との会話の量も増えたし、居間に降りていくことに恐怖を感じなくなった。そして何より、家の中の空気が変化した。端的に言うと、家の中で呼吸ができるようになった。そこで初めて僕は自覚できたわけだ。今まで気がつかなかったけれど、これまで自分は、家の中で呼吸ができていなかったのだと。「息が詰まる」という表現があるけど、これを考えた人は天才だと思った。まさにそういう感じなのだ。

両親が見せてくれた理解の態度には、今も本当に感謝している。やってもらって嬉しい支援はいろいろあるけれど、僕にとっては先のふたつがその筆頭。そしてこのふたつは、「家族にしかできない支援」なのだと思う。家族だって万能ではない。家族にできないことはほかの人たちに任せて、家族には「家族にしかできない支援」のほうに注力していただく。そういうのはどうでしょうか？

（二〇一五年六月執筆）

居場所／人間関係という「溜め」

つくづく思う。同じひきこもり経験のある仲間たちに、僕は救われてきたのだと。

仕事や家庭の事情で今は離れ離れになってしまったが、それでも、たまに集まるとなんだかホッとする。三十歳で働きはじめてからもいろいろ困難はあったが、彼らがいてくれたからここまでやってこれたという感覚は強い。じかに会う機会は少なくはなったが、彼らの存在は、僕にとってのホームグラウンドみたいなものだ。

彼らとは、ひきこもりの人の居場所で出会った。病院のデイケアやひきこもりの人の自助グループ、のちに自分たちで始めた神奈川にある自助グループなど。医療やカウンセリングにもお世話になった僕だけれど、同じような悩みを抱えた人が集まる居場所にはもっとお世話になった。ここで得た気づきがなかったら、僕自身の回復の歩みはもっとずっと遅いものになっていたはずだ。

最初に行ったのは病院のデイケア。担当の医師に勧められて参加したのだが、ほどなくしてこの常連メンバーになった。まずなにより良かったのが、「どうして働かないんですか？」と聞かれないこと。ひきこもりの人が集まる場所で「どうして働かないんですか？」などと聞く馬鹿はいない。これは本当に助かった。どこに行ってもこの質問が怖かった僕にとって、これを聞かれないというのはひどくありがたいことだった。あと、「履歴書の空白の埋め方」を聞けたのも大きい。メンバーの中にはアルバイトをしている人もいたので、実際にどうやってそこの壁を乗り越えたのかはとても参考になった。「同じような経験をしていても、アルバイトはできるらしい」とわかるだけでも、ずいぶんと励みになる。

当時、東京にあった自助グループに出てみて最も意外だったのは、フルタイムの仕事をしている人が参加していたことだった。ひきこもりのグループに働いている人が参加していることには、強い違和感があったのだが（その当時の僕は、働けるようになれば「あがり」だと考えていたから）、よく見ると彼らは、働いていない僕よりもはるかにつらそうだった。「働かなければ」という義務感から仕事には就くけれど、そのうちつらくなって辞めてしまう。でも、無職である焦りから、また仕事を探して働く。しかし苦しくなってまた退職。それを繰り返しているだけで、いっこうに前に進んでいないように見えた。そこで僕は、「働ければそれでOKってわけではないんだな」と気づくことができた。以後は、働くことへの焦りも少なくなったし、「働く前にあえて回り道。まずは人間関係を作り直すことから」というみずからの方針に自信を持つこともできた。

就労支援には意義を感じられても、居場所や社会参加の事業には意味を見出せないという人は多いと思う。だが、就労以前の課題がそこにはあるのだ。人間関係という「溜め」（「溜め」については一九九ページ参照）。困った時に相談できる友だち。お互いに頼りあうことのできる関係。この「人間関係の溜め」がなければ、僕だって先ほどの人と同じように、「働いてもすぐに辞めてしまい……」を繰り返していたかもしれない。だから僕は主張したい。「働けないことは最大の問題ではない。社会とのつながりが失われていることがいちばんの問題なのだ」と。

（二〇一五年七月）

働き出して意外だったこと

タワーレコードのアルバイト募集チラシを目の前にして、かなり長いこと応募をためらっていたのは、たしか二九歳の頃だ。音楽は好きだし、タワレコのバイトだったらできそうな気もしなくはなかったのだが、結局応募に踏み切ることはできなかった。タワレコの仕事は、能力的にはきっとできたと思う。でも、とにかく何かが怖くて、前に進むことができなかった。たぶん、働く上で必要な何かが、まだ僕の中に備わっていなかったのだろう。僕の二十代は結局、働けないままに終了した。

そんな僕が再び「仕事」に踏み出せたのは三十歳の時。知人から「ここの仕事を辞める人が出るんだけど、よかったら受けてみない？」と誘われたのがきっかけだった。もちろん迷ったし悩んだ。仕事に踏み出すのは相変わらず怖かった。それでもなんとか「最初の一歩」を踏み出せた背景にあったものは、①知り合いから直接声をかけてもらったこと、②その前の年にやった活動で得た自信（※横浜市の都筑区で、ひきこもりの連続セミナーの企画スタッフを一年間務めた）。あとは③自助グループの運営などで培った人脈（人とのつながり）と経験であったように思う。

履歴書は、その前の年に一度だけ書く機会があったのでどうにかなった。面接は当然のごとく緊張したし、その日の朝には、面接に三時間遅刻する夢を見て汗びっしょりになったりもしたが（マンガみたいだ）、気がついたらどうにか乗りきっていた。その頃には人と会って話すことにも慣れていたので、思っていたほどしどろもどろにもならなかった。後日電話がかかってきて、結果は採用。約七年ぶりの仕事。受話器を持った反対の手で、強くガッツポースが出たのを覚えている。前回書いた自助グループや居場所での活動など、今までのすべての活動がプラスに働いたわけだ。

仕事の初日は、当たり前のように緊張した。採用になったとはいえ、はたして本当に自分が働けるのかどうかの不安が拭えなかった。でも、結果は意外なものだった。思いのほか仕事が楽だったのだ。正直、「え、これでお金もらっちゃっていいの？」と思った。一週間働いてみたけど結果は同じ。事前に考えていたよりも、働くことはかなり楽だった。肩透かしというか拍子抜け。

「これだったら、ひきこもっていた時のほうがよっぽどしんどかったよな」

そう感じた日の光景を今でも覚えている。

（二〇一五年七月執筆）

働き始めたあとのこと

ひょっとすると僕は、「仕事」や「働く」ということを大きく捉えすぎていたのかもしれない。先ほど書いたような流れで、約十年ぶりに仕事を始めることになったが、はじめは拍子抜けするくらい順調にものごとが進んだ。親や周囲からのプレッシャーはすっかりなくなったし、それ以上に、自分自身の引け目らしきものがきれいさっぱりなくなった。自分で稼いだお金で好きなものを買うという楽しみができたのも大きかった。

ひきこもり経験者で、「ひきこもり名人」を自称する勝山実さんは、「自分で稼いだ一万円も、親からもらった一万円も同じ」という名言を残したが、やはり僕は勝山さんの主張を否定したい。親からもらった一万円と、自分で稼いだ一万円では、その意味合いがまったく異なるのだ。もちろん、貨幣としての価値はまるっきり同じなんだけれども。

最初の職場で二年間働いたあと、三年目に新たなチャレンジがしたくなって転職。新しい職場では、早々に非常勤から常勤職（正社員待遇）に変わることができた。自分の健康保険証ができたのは嬉しかったな。それまでは父親の扶養みたいなかたちの保険証だったから。これでまたひとつ、自立に近づいたという手応えがあった。

新しい職場では、一、二年目は楽しくやれていた。でも、ものごとはそんなに甘くない。三年目に入って、仲の良いメンバーが次々に退職したあたりで風向きがおかしくなった。正直、あの年は苦しかった。「苦しい」なんていう生易しいものじゃなかった。毎日が本当につらかった。朝、目が覚めると同時に心臓をギュッと掴まれるような苦しさがあって、頓服の抗不安剤を毎日飲んで出勤していた。しまいには、まわりの同僚たちが全員敵に見えた。自分でも、よくあの状態で辞めなかったと思う。

そんなストレスフルな状況下でもあえて退職を選ばなかったのは、「今ここで辞めたら自分のキャリアはないも同然になる」という危機感があったからだ。なんとかして這いつくばってでも、今あるものにしがみつきたかった。そうするしかほかに選びようがなかったから。

入職してからの長いあいだ、職業人としての自分にはどうしても自信が持てなかったのだけれど、入職七年目に入ったぐらいから、そのあたりのバランスが取れるようになった。そのころには、「あ、これは勤続十年まではいくな」という感覚があった。そしてその「十年」を超えてからは、もうあっという間。国家資格もふたつ取って、まあそれなりの自信もつけられたように思う。まあ自分でも、「ちょっとがんばりすぎたかな」という気はするけれども。

振り返ってみると、(これはひきこもりから抜けてからも、実際に仕事に就いてからもそうだけど、)いろんな人に助けられてここまでこれたと感じる。

このあたりのことはあとの章でも繰り返し述べるけれど、自分と同じ経験をした仲間たちや、自助グループで一緒だった仲間のみんな。信頼できる支援者たち。家族の理解。そしてその周囲にいて見守ってくれた人たち……。

彼らの支えや存在なしには、ここまでやってこれなかった。ひきこもっているあいだはあれだけ人を遠ざけた生活をしたのに、今になってこんなことを言い出すなんて、自分でも「おかしなものだな」とは思うけれど。でもやっぱり、最後は人に助けられ、救われてきたのだな、と思っている。

(書き下ろし)

第2章

「人並み」へのあこがれ

性と恋愛

……ひきこもりは青年期の問題。恋愛と性の問題は大きなウェイト

みなさん、セックスしたことありますか?

おっと、出し抜けに変なこと聞いてごめんなさい。たぶんびっくりしたよね。コーヒー吹いてたらマジで謝る。でもこれ、大事なことなんです。うぅん、セックスが大事なんじゃなくて、性とか恋愛の話をすることが。なので、別にセックスの話じゃなくてもいいわけ。「みなさん、異性と交際したことありますか?」とか、「彼氏や彼女、欲しいですか?」みたいな書き出しでもよかったんです。

みんな、口に出して言うことは稀だけど、ひきこもっている人は、恋愛やセックスの経験がない(少ない)ことについて、かなり悩んでいます。すごく気にしてる。まあそれはそうですよね。ひきこもりって、その多くが思春期・青年期のことだから、そこに性や恋愛の悩みが出てくるのは当然なわけです。

でも、ひきこもりの人で性や恋愛について語れる方は少数です。なぜなら、圧倒的に経験値が少ないから。ドラクエで言えばレベル1とか2。いきおい、「自分にはとても……」と下を向いてしまいがちだし、なかには、「自分には人を好きになったり、人から好きになられたりする資格がない」と考えている人もいます。それくらい自己肯定感が下がる。

世の親御さんたちは、「そんなことよりまず就職が先だろう。恋愛なんて一人前に仕事してから言うもんだ」と思われるかもしれません。

けれども、年齢相応の、あるいは人並みの経験がないというのは、本人にとってはかなりきついことです。仕事であれ恋愛であれ、まわりの人たちが「普通」にできていることができないという状況は、想像以上に本人の自尊心を奪い、落ち込ませるものです。よく履歴書の空白問題が指摘されるけれど、履歴に空白があるのは何も職歴に限ったことではないのです。

恋愛やセックスは言うに及ばず、「異性とデートしたことがない」、「手をつないだり、キスしたこともない」、「何を話せばいいかわからない」、「そもそも、家族以外の異性と話したことがない」。これでは自信の持ちようがないですって。きっと「こんな自分が社会に出たり、働けるわけがない」と思うだろうし、自分にはみんながやっている人並みのことすらできない。とてもできそうもない」と絶望した結果、ますます人と関われなくなり、それがまたさらなる自信の低下を呼ぶという悪循環の原因にもなっていく。

僕は、性や恋愛の悩みは「就労」と並ぶひきこもりの二大テーマだと考えています。

でも、この「恋愛」や「性の悩み」が講演会や家族の集まりで取り上げられることはほとんどありません。就労をテーマにした講演会はあっても、性や恋愛をテーマにした講演は不思議なくらいにないのが現状です。これはいったいどうしてでしょう？　話題がタブーすぎて話しにくいから？　それともただ単に、みんなこれが大きな問題であることに気づいてないから？　目を背けたいから？　正確なところは僕にもわかりません。

ただ、この問題について初めて正面から言及したのが、ひきこもり体験者の上山和樹さん（『「ひきこもり」だった僕から』著者）であり、その後も熱心にこの問題をとりあげているのが上山さん一人であるところをみると、こういうのは体験者の側から発信していかないとなかなか理解されない問題なのかもしれません。「ひきこもり当事者だからこそ指摘できた問題」というか。

僕が身のまわりで見聞きしている範囲内だけでも、ひきこもりから居場所に出てきて多くの人と知り合い、恋人ができたという人がいます。そして、これは当然といえば当然のことだけれど、やはり恋人ができたりすることで、精神的にはずいぶん落ち着くというか、楽になるみたいです。でも、これは別にひきこもりに限ったことではなくて、恋人ができれば誰だって気分的に楽しくなるし、落ち着きますよね？

そして、これもまた僕が見聞きしている範囲のことだけれど、恋人ができる順番というのは、必ずしも就職やアルバイトができたあととは限らなかったりします。むしろ就労に結びつく前であることが案外多い。そしてそこからアルバイトなどに結びつくという流れが結構あります。

彼や彼女が働こうと思うその動機は、誕生日にプレゼントをあげたいだとか、やれデート代が必要だとか、彼女がいるのに無職のまんまじゃまずいだろうとか、結構その手のもの。親にもらったお金でデートっていうのもちょっと格好がつかないしね。まあたしかにそうだよなと思う。

かつて新聞記者の塩倉裕さんが指摘したように（『引きこもり』朝日文庫、二五八ページ）、ひきこもり生活の長期間、友だちもなく、恋人もいないままに過ごすことが幸せだとは思えません。事実、僕も決して幸福とはいえませんでした。

ともあれ、この文章をお読みの方には、「仕事↓恋愛」という矢印だけではなく、「恋愛↓仕事」という流れもあるのだということを、そして、ひきこもりが青年期の問題である以上、恋愛と性の問題は大きなウェイトを占めるのだということを頭の隅に留めてほしいと思います。親御さん方にとってみれば、子どもの性の問題というのはあまり直視したくないことかもしれないけれど。

（二〇一五年八月および二〇〇六年八月執筆）

「人並み」へのあこがれ

……人間は決して強くもないし完璧でもない。

こういうのって、実際になった人でないとあまりわからないことかもしれないけれど、ひきこもり、あるいは何らかのかたちで社会に出遅れた人たちが抱くネガティヴな感情のひとつに、「自分は人並みではない」という劣等感がある。自分は人並みではない。世間の人が普通にできていることができない／難しい／経験がない……。

仕事や恋愛は言うに及ばず、「仲間と連れ立って遊びに行ったことがない」「居酒屋に行って馬鹿騒ぎをしたことがない」などといった声は、たくさんのひきこもり経験者から聞くことができる。

それ以外では、「遊園地に行ったことがない」「友だちとファミレスでダベった経験がない」「マクドナルドに、あるいはスターバックスに行ったことがない」「そもそも注文の仕方がわからない」「映画館に行って映画を見たことが／カラオケボックスに行ったことがない」などなど……。「普通」の人生を歩んできた人にとっては驚くことかもしれないが、長いあいだ（特に思春期から青年期にかけての多感な時期を）人に会うことなしに過ごしてきた人たちにとっては、これらはじゅうぶんに考えられることである。

それ以外にも、この手の話は挙げていけばキリがない。あまりの恥ずかしさに本人たちの口から出てくることは稀だが、「異性とつきあったことがない」「デートの経験なし」「セックスしたことがない」といった悩みなども、よくよく尋ねてみると、必ずといっていいほど聞くことができる。まあ、こんな悩みは普通、人に言えないですよね。少なくとも親には言えない。

つまり言い換えれば、長期間、社会との接点を持たずに過ごし続けるというのは、そういうことなのです。世間の人たちがごく「普通」にこなしていることができない／したことがない……。そのことが本人にもたらす劣等感の大きさというのは、あなた方（という言葉を使わせてもらいます。あえて）が考えているよりもずっと大きなものなのです。ひきこもりの人の特徴のひとつとして、「自信がない」ということがよく挙げられるけれど、これだけ人並みの経験をしたことがなければ、それは自信の持ちようがないですって。就労の有無だけが問題なのではありません。

彼らの中の少なからぬ人たちは、その経験値の少なさを常に意識している。自分と同世代の人たちが卒業し、入学し、入社・結婚・出産といった人生の節目をなぞっていくのを目の当たりにするたびに、それができずにいる自分の立場と不甲斐なさを痛感し、反芻し、最後には行く当てもない諦念にとらわれる。言うまでもないことだけど、そういう生活ってラクじゃない。はっきりいって苦しいし、正直きつい。もう生きていたくないとさえ思う。

しかしそんな中でも彼らは、そのことをさほど顔に出すこともなく（あるいは出すこと自体できずに）生きている。きっとそこには、「その葛藤を表に出すことが恥ずかしい」とか、「それをどう表現していいかわからない」といった事情もあるのだと思うけれど。

さて問題は、その失われた自信を「どう回復するか」になるわけだが、結論を先取りすれば、残念ながらそこに正解はない。世界に魔法使いがいないのと同じように、一発逆転ミラクルボーナスジャンプはない。一段一段岩山を登るように、ひとつずつ自分の課題を克服していくしか、あるいはみずからの不全感を渋々ながらも抱えて生きていくしかないのだと僕は思う。

一般論はわからないので自分の話をさせてもらえば、僕は今でも「自分は人並みではない」という不全感を持っている。「一〇年ビハインド」という言葉を好んで使っているのだけど、年齢は三三歳であっても中身は二三歳という意識が今でも抜けない。

たしかにこの八年で、僕はいろいろな諸問題を克服した。外に出て自分の悩みを話してみずからの居場所を見つけたし、信頼できる支援者や多くの友人に恵まれるようになった。七年振りに親戚と顔を合わせた。恋愛の問題だって（たぶん）克服したし、就労の壁をも越えた。我ながらよくやったと思う。悪くないスコアだ。

でもそれにも関わらず、今なお、「人並みでない」と感じている自分がいるのである。「ある部分においては年相応だけど、ある部分についてはそうではない」。言ってみれば、そんなところだろうか。

いずれにしても、立っているステージの高さこそ違え、同じ「人並みでない」という感覚を持っていること自体は変わらないわけだ。「まったくいつまでこんなことを続けなくちゃいけないんだろうな（ぶつぶつ）」というのが、僕自身の偽らざる本音だったりする。

でも、開き直るわけじゃないんだけど、「それでもいいんじゃないか?」って思っているんです。まわりを見渡してみても、完璧な人なんて全然いない。みんな口には出さないけれど、何かしらの弱さを抱えて生きている。あなたたちが思っているほど世の中の人は強くもないし完璧でもない。僕はそのことに、実際に社会に出てみてから気がついた。「あ、なんだ。これぐらいでもどうにかやっていけるのか」と。むしろ、弱さを抱えている人のほうが魅力的だったりもする。

もちろん、中には完璧に見える人もいる。でもそういう人というのは（あくまで「僕に言わせれば」ということだけれど）、「すごいな」とは思っても特に魅力的には感じられない。それはなぜかといえば、彼らには弱さがないから。弱さがないから弱さを知らない。挫折を知らないから人間に深さがない。弱さを抱えているというのはそんなに悪いものではないんじゃないか？／魅力なんじゃないか？　実はだいぶ前から、そんなことを考えている。うん、これは実に、負け惜しみでもなんでもなくて。

（二〇〇七年一一月執筆）

〈後日附記〉
どうしてもみんな、「仕事をしていない」というところに目が行きがちなんですが、いやいや、働く前にはもっといろいろな段階があるんですよね。実際のところ。

反転する
……ある時僕は、夢よりも現実のほうが楽だと気づいた

先にも書いたことだけれど、僕自身がひきこもりから出たきっかけは、ひと言でいえば、あきらめたことだった。

何をあきらめたかというと、今の自分の状態を自分ひとりでどうにかすることについて。ある

時点でこれをあきらめた。「自分ひとりではもう無理だ。自分や家族以外の、誰か第三者の力を借りる必要がある」というように。そう考えるようになってからは、少しずつではあるけれど、ひきこもり生活からの脱出に向けて動き出すことができた。まるで止まっていた車輪がゆっくりと動き出すように。

しかし、「なぜそう思えるようになったのだろう？」と考えると、それはそれで不思議な気がする。「そういえば、どうして自分はそこであきらめることができたのだろう？／考えを変えられたのだろう？」と。そしてその遠因のようなものを探っていくと、どうしてもある一件に思い当たることになる。それは夢の話だ。もっと正確に言うなれば、悪夢の話。そう、僕はずっと悪夢を見ていたのだ。

僕のひきこもり生活においていちばんつらい時期は、毎日考えごとをしていた。いわく、どうしてこんなことになってしまったのだろう？　どうして自分はまともに就職して生きられないのだろう？　どうしてただのひとつも面接に受からなかったのだろう？　いつから道を踏み誤ってしまったのだろう？　これから自分はどうなるのだろう？　ちゃんと就職していった友だちは俺のことどう思っているのだろう？　きっと俺のこと見下してるんだろうな。そういえばあの頃からあいつらはそういう目で俺のことを見ていたっけ。今はどうなんだろう？俺のことなんてもうとっくに忘れてるかもしれないな（忘れてくれてたらいいんだけど）。エトセトラ、エトセトラ。

起きているあいだはずっとそんな感じ。もちろんそんなことは考えたくないのだけれど、でも考えないわけにはいかないし、考えてしまうのだ。

何もこんなこと、好きこのんでやっているわけではまったくない。けれど気がついた時には考えてしまっているし、僕はそこから逃れることができない。そんな生活はもちろんきついし、苦しいし、しんどい。「ここから逃げたい」と僕は願う。だからとりあえず寝てしまう。いわゆる「寝逃げ」。幸い、時間だけはふんだんにあるから、眠ってしまえば逃げられると僕は考える。しかしそのつらい考えは眠りの世界にも侵入してくる。夜、寝ているあいだも続く。眠りの世界ではつらい考えは夢へと姿を変えるのだ。

毎晩毎夜、僕は悪夢を見る。学生時代の友だちに見下され、軽蔑され、そして何かを否定される夢を。それが何度も何度も繰り返される。不思議なことだが、たった三分うたた寝をしただけでも、ほんの一瞬眠りに落ちただけでも必ず悪夢を見た。そんなことが睡眠学的にあり得るのかどうかはわからない。でもそれは実際に起こったことなのだ。

そしてだんだん、僕は眠ることが怖くなった。眠りの世界はもはや僕にとっての逃げ場ではなく、苦しみの増幅と追体験の場でしかなかった。「眠りたくない／眠るのが怖い」。よってそれからしばらく、僕は眠らないための努力を続けた。目薬を点したり、顔をつねったり、頭を何度も壁に叩きつけたり……。まるで冬山で遭難した登山者のような努力を。

しかし、そんな勝ち目のない抵抗戦がいつまでも続くわけもなく、ふとした瞬間に僕は眠りの世界に落ちてしまう。そしてそこにはあの悪夢が待ち構えている。当時の僕には、心の休まる時間はどこにもなかった。

そんな眠れない日々がいったいどれくらい続いたのだろう？　そんなに長い期間ではなかったと記憶している。長くてもせいぜい十日とか二週間とか、たぶんそんなところだ。でもその十日なり二週間なりは、僕にとってひどく濃密な時間だった。とにかく一日が長かった。知ってのとおり、いつ終わるとも知れない時間というのは、実際のそれよりずっと長く感じられる。

そんな前後の判然としない混濁色の日々の中、ある時僕は、「夢より現実のほうが楽だ」という事実にはたと気がつく。夢から覚めて「ああ、なんだ夢か……」と思っている自分を発見する。「夢でよかった……」とさえ思った。さっきまでの恐ろしい現実は、ただの夢に過ぎなかったのだ。それに気がついてからは、夢を見ることが以前ほど怖くはなくなった。そして、夢が怖くなくなるのとほぼ同じ時期に、現実のほうも以前ほど苦しくは感じられなくなった。夜は以前に比べてだいぶ眠れるようになったし、昼間も前のような果てしのない思考に囚われることはなくなった。よりわかりやすく言えば、日々を生き抜くのが前より少しだけ楽になったのだ。

「不思議だな」と自分でも思う。自分でも気がつかないどこかの時点で、現実のつらさと夢の世界のつらさの度合いが逆転したのだ。そしてそのことに気づいた途端、それまでの苦しさは目盛りひとつ分だけ少なくなった。その苦しみの目盛りは、以後、下がることはあっても増えることはなかった。

以前、働けるようになる前と後で、「働ける」と「働けない」とがそっくりそのまま入れ代わってしまったようだ／鏡の向こう側の世界に来てしまったようだ、という話を書いたことがある（『りろーど通信』二〇〇八年六月）。思えば、今回の話もこれに近いのかもしれない。あえて表現するなら、「反転」という言葉がいちばんしっくりくる。苦しみのさなかに入れ替わるようにして何かが反転した。あるいは自分自身、夢の世界とこちら側の世界を行き来しながら、ある時点で何かの壁を「ぐぐっ」と抜けたのかもしれない。そしてこの時を境にして僕の落ち込みはいちど底をつき、少しずつその後の浮上のきっかけをつかんでいったように思える。冒頭に述べた「あきらめ」は、その経過の中で得られたある種の腹の括りなり、底つき体験のようなものだったのではあるまいか。非常に不確かながら、何となく今はそんなふうに考えている。

ただ、ここに書いたことはきわめて個人的な体験であって、「こうすればあなたも壁を抜けられますよ」などと言ってあげられる種類のものではない。ひとつの参考にはなり得ても、応用は効かない種類の物事である。

こういう「きっかけ」の話を書く時に僕がひとつだけ恐れるのは、「そうか、底つき体験か。ならばそのきっかけを与えてやれば早く動き出せるに違いない」などと短絡的（あるいは直線的）に考える人が出てくるのではないかということだ。

だが当然、そんなことができるわけはない。底つき体験というのは自然な内的な作業の中で起こるものであって、人工的に作り出せるたぐいのものではない。人を促成栽培することはできないし、「きっかけ」とやらを与えることだってできない。最後の内的な作業をこなすのはあくまで本人自身である。

もちろん世の親御さんだってそんなことは(頭では)わかっているはずだ。でも心は安心できないから、つい「きっかけ」を与えたくなったり、本人の自己決定を待てなかったりするのだろうと想像する。そう考えると、やはり「親の不安や心配をいかに軽減するか」という部分が、間接的な本人支援につながるのかな、という気がする。

(二〇〇九年六月執筆)

〈後日附記〉

僕のひきこもり体験と、そこから抜け出てくるプロセスの中には、夢や眠りの話がしばしば登場する。この話もその中のひとつ。きっかけって、そんなに簡単じゃないですよね。

カウンセリング顛末

……絡まった糸を解きほぐしたかった

カウンセリングというものを意識し出したのは、いったい、いつのことだろう?

もう昔のことすぎて覚えてはいないけれど、ある時からふと、「カウンセリングというものを受けてみたい」と思うようになった。たぶん、ひきこもりから出る半年ぐらい前のことじゃないかと思う。

学生時代の後半、僕は立花隆や柳田邦男といったノンフィクションを好んで読んでいたが、彼らの著書や対談集を読んでいるうちに、ある一人の人物の名前が目に留まった。河合隼雄。立花隆の本にも柳田邦男の本にも、果ては、まるで畑違いの村上春樹の対談集にもこの名前は出てきた。

「河合隼雄って、誰だ？」

そのようにして僕は、この人物に興味を持った。

いや、この人物に興味を持ったというのはあまり正確な物言いではないかもしれない。なぜなら、僕はその後現在に至るまで、河合隼雄の著作を読むことはしなかったから。思えば不思議なことだけれど、なぜかそういう方向には進まなかった。

どうやら、その時の僕は、河合隼雄の本がどうとかいうことではなく、河合隼雄という人がやっている心理カウンセリングなるものに興味を抱いたようだった。次男を自死で失った柳田邦男さんが、自分自身や河合氏との対話を通して、そして「書く」という作業を通して自己を整理し、癒されていくその姿に、何か感じるところがあったのかもしれない。

「カウンセリングというものを受けてみたい」。僕はそう思った。

カウンセリングというものをやることで、自分の中にある複雑に絡まった糸を解きほぐせるのではないかという淡い期待があった。

ひきこもっている時期の僕は、とにかく混乱していた。自分の置かれた状況がまずいものであるという事実だけは明確に意識できるものの、もはや自分がいったい何に困っていて、自分の置かれた状況が何と呼ばれるもので、これからどっちを向いて歩けばよいのか、さっぱりわからなかった。地図も、磁石も、標識も、指針となるべきよすがもない。何が何だかわからない。いわば方向喪失状態。あるいは軌道を外れた人工衛星のような気分。

ひきこもり生活の後半、僕は自分が置かれた状況を知りたかった。自分の名前を、自分がどこに立っているのかを知りたかった。病気なら病気で構わない。精神病と言われれば喜んでそれを受け入れよう。いいから早いところそう呼んでくれ。精神病と言われて嬉しいはずはないが、でも「自分は病気なのだ」ということだけは言える。でも今のままでは、それさえもが叶わない。経験したことのある人ならわかると思うけれど、自分が何者でもないという状態は、大概の人が想像するよりもずっとつらく、苦しいものなのだ。「誰かに相談したい。そして自分の現在地を理解したい」。それが当時の僕が希望していたことだった。

だが、問題がひとつあった。どこに相談に行けばよいのかわからないのである。

そもそも自分の状態が定義できないのだから、どこに相談に行けば良いのかもわからない。歯が痛いから歯医者、お腹が痛いから内科、というわけにはいかない。僕は途方に暮れた。

家にあった黄色い電話帳で「カウンセリング」の項目を調べてはみたけれど、そこにはあまりに多くの選択肢が並べられていた。そのうちのいったいどこなら自分の悩みを受け止めてくれるのか、僕には皆目見当がつかない。

カウンセリングの料金にも心を挫かれた。はっきりいってどれも高い。六〇分で八〇〇〇円とか、一万二〇〇〇円とかする。安くても六〇〇〇円。こういうのは一回だけで終わるものではないから、少なくとも何回か分の金額は必要になる。五万とか十万とかは覚悟しておかなければならないだろう。五〇〇〇円が大金であり、一枚一五〇〇円の輸入盤の音楽ＣＤさえ買えなかった当時の僕にとって、それはとうてい手の届かない金額だった。

それに、もし仮にそれだけの金額を捻出できたとしても、行った先のカウンセラーが、病気ですらない僕の悩みを受け止めてくれるという保証はどこにもない。行った先で「お前はただの甘えた人間だ」と悪しざまに糾弾されるかもしれない。高いお金を払ってそんなことを言われたら、それこそ目も当てられない。ただ単に高いお金をどぶに捨てるだけかもしれない。有り金をポーカーのテーブルに乗せるにしては、それはあまりにもリスクの高い賭けだった。

そのような事情やリスクがあったがために、僕は「どこかに相談に行きたい」という自分の気持ちを目に見えるかたちに置き換えることができなかった。焦りと苦しさだけが膨らんでいく。

そして月日だけが流れた。

そののち、僕は「ひきこもり」という言葉を知るに至る。たまたま読んだ雑誌に載っていたという、まったくの偶然の結果ではあったが、この言葉を知ることができて本当に幸運だった。この言葉に出会っていなければ、その後の一連の動きを起こすことはできなかっただろう。このキーワードを頼りに、僕は少しずつ自分の状態を定義するチャンスをたぐり寄せることができた。

これも先に記したことだが、病院に行って医師から「ひきこもり」という言葉をもらったことで、僕はひどく救われた思いがした。そうか、やっぱり自分は「ひきこもり」だったのだ、と。もし自分が「ひきこもり」というものに属するのならば、自分と同じような人たちに会って話をすれば、何か助かるためのヒントが見つかるかもしれない。この救いのない沼地から抜け出せるかもしれない。その光明が期待から確実なものへと変化した時、僕は心の底から安堵した。自分の進むべき方向が目の前に浮かび上がってきた。

あとから振り返ってみてわかったことだけれど、この「ひきこもり」という名前を与えられた時点で、僕の悩みは半分解決したのだ。この「名前の付与」という一件は、僕にとって、それぐらい大きな出来事だった。

僕は考える。診断というのは救いの言葉であるべきなのだと。ただのラベリングやレッテル貼りなどではなくて。

（二〇一三年執筆）

冠婚葬祭について振り返る

……大きなハードル

「ひきこもり」と呼ばれる人たちが苦手なことはいろいろあるが、冠婚葬祭もそのひとつである。結婚式に行けないという人は多いし、法事や葬式だってみんなが苦手。というか、それが好きな人なんてほとんどいない。その理由は、正月の親戚めぐりと同じで、行けば親戚に「今どうしてるの？　仕事はまだしないの？」攻勢を受けるとわかっているから。あるいは実際に攻撃は受けないにしても、「受けるような気がする」、または「そんな気がしてならない」。それが何より恐ろしい。考えるだけで身がすくんでしまう。

冠婚葬祭で出会うのは、親戚だけには留まらない。昔の友人やクラスメイトに出会う可能性も恐怖の対象である。そしてこの人たちに至っては、「で、岡本最近何やってんの？」などという恐ろしいことを平気で聞いてくるのみならず、どこかで聞いたことのある超有名企業に楽々と勤めていたり、まだ自分と同い年であるにも関わらずなぜか結婚して子どもがいたり、マイホームを購入して月々のローンの返済に頭を痛めていたりする。まったくもう、意味がわかりません。

それなのに、相変わらず自分は無職。十年前から何ひとつ変わっていない。今でも自宅を警備中。この落差を見せつけられると想像しただけで、冠婚葬祭などという場に踏み出すなんて、とてもじゃないけどできない。そして、そんな状態を続けているうちに、時間が経ってよけいに人に会いづらくなってしまった。そういう経験を続けている人は、今もかなりの数いると想像する。

さて、この「冠婚葬祭をどうクリアするか」は、社会参加にブランクのある人にとっては大きな問題なわけだが、ご多聞に漏れず、僕もずいぶん苦労した。二十歳過ぎにぐずぐずと社会に背を向けるようになってから、親戚との関係を取り戻せるようになるまでに、約七年程度を要した。最初は葬式、次は法事、最後は結婚式。このすべてをひと通りクリアしてからは、自分自身がずいぶんラクになった。

では、その一連をいったいどのようにクリアしたのか？　ささやかな経験ではあるが、その大まかなところを振り返ってみたい。

1．友人編

最初の試練は葬式だった。

これは僕がひきこもりから外に出たばかり、つまりは二五歳の時だったが、学生時代の友人が事故で亡くなった。勉強ができて運動もできて、女の子にも過不足なくモテて……というタイプの人がどこの学年にも一人くらいはいるものだが、まさにそういうタイプの男だった。なぜだか知らないけど、そんな彼が僕なんぞと仲が良かった。僕に対して変わることなく良くしてくれた。

でもそれくらい万能で、将来、望めば大概のものにはなれたであろう彼は、オートバイを運転中に交差点に飛び出したダンプトラックと衝突して、まだ二五歳の若い命を散らすことになった。

その当時の僕は、ようやく重い泥の中から片足を踏み出したばかりで、こぞって一流企業に勤めている（のではないかと思われる）旧友たちが集まる葬祭場に出て行くことなど、とても恐ろしくて、身の凍る思いだったのだが、しかし彼に会える機会はこの日を逃せばもう永久にない。「ともかくこの機会しかないのだから」という、ただそれだけの思いで都内の斎場へと向かった。当然そこでは、社会人になった旧友たちに出会う。もちろん、居心地が良いはずがない。数年ぶりに顔を合わせた友人からはお決まりの質問が浴びせられる。彼らに決して悪意はない。しかし僕は、その悪意のない質問に答えることができない。いや、実際にはその場をやり過ごすほどには答えられていたのかもしれないが、残念ながらそこで何を喋ったのかはまったく覚えていない。いったい僕は、どうやってあの場を切り抜けたのだろう？

しかし何はともあれ、その時の縁が契機となって、数年来連絡を取りあっていなかった友人の何人かと、再び連絡を取るようになった。メールで約束をし、新宿に向かう中央線の中で何度も吐き気をもよおしながらも飲み会に出かけた時のことは、今でも鮮明に憶えている。

その後も多くの対人関係の回復を通して、僕は今ここにいるわけだが、そのきっかけのひとつとなったのは、死者がくれたただ一度きりのプレゼントだ。このプレゼント、つまり「一度きりしかないチャンスなのだから無駄にはできない／無駄にしたら彼に申し訳が立たない」という気持ちが、旧友との関係の回復のみならず、その後に続く僕の可能性の一端を開いてくれたのだと考えている。なんだかまるで死者に生かされているみたいな感じだけれど、でも実際そうなのだろう。生者は死者の分まで生きないといけないのかもしれない。いや、本当に。冗談じゃなくて。

2．親戚編

一時は完全に断絶した旧友との国交が戻り始めたのは一九九九年、僕が二五歳の時だったが、親戚との行き来が再びできるようになったのは、それから二年半が経った、二〇〇二年になってからのことだった。

それまで親戚とはどうだったかというと、一九九五、六年頃からの七年間はまったく行き来なし。親戚と連絡を取れずにいることは自分の中ではずっと気になっていたが、「いい歳をして」進路の決まらない恥ずかしさゆえに、とても自分から連絡を取ることはできなかった。仮に向こうからこちらを訪ねてきたとしても、実際に会うのは難しかったと思う。しかもこういうのは、自分の歳が上がれば上がるほど解決が苦しくなるから、よけいに難しい問題である。

二〇〇二年というと、僕自身は病院に通い始めてから三年。デイケアや自助グループへの参加、そして自分たちによる自助グループの立ち上げと運営を経験し、当時は東京にあった勉強会に活動の軸足を移していた。

当然、ひきこもりから抜け出した頃から比べれば、比較にならないほど元気になっていたし、知り合いや友人も格段に増えていた。すでに持ち慣れた携帯電話には、数十件から一〇〇件近くの連絡先が登録されていた。

しかし、その段になっても、まだ親戚と連絡を取ることはできなかった。その理由はただひとつ。「仕事をしていない」。これに尽きる。自分の状態を説明できない。あるいは、「説明できないような気がする」。きっと当時においては、未だ自分を許せていないのは世界に自分ひとりだったのだと思うのだが、この「働けていない」という動かせない事実ゆえに、自分からその重い扉を開くことは、きわめて困難なことであるように思えてならなかった。

ようやくにして親戚問題の解決に取り掛かることができたきっかけは、九州に住む父方の祖父が亡くなったことだった。冬季ソルトレイク・オリンピックを間近に控えた二〇〇二年の二月初旬、祖父の容態が悪化したとの知らせが入った。状況から考えて、オリンピックの閉幕まではもたないだろう。その時に真っ先に考えたことは、「葬式に行ったらたくさんの親戚に会わなくちゃいけないんだよな」という後ろ暗い想像だった。しかも父の実家は九州だから、行ったら最後、日帰りで逃げ帰ってくるというわけにもいかない。

でも「おもしろいな」と思うのは、そこで「葬式に行かない」という選択肢は僕の頭にちらとも浮かばなかったことだ。「完全に逃げてしまおう」という発想は、なぜかまったく浮かばなかった。それは先ほど書いた友人のお葬式での、「この機会を逃せばもう次はないのだから」という着想に連続するのかもしれない。さらにここで、僕がもうひとつ考えたことは、「この葬式を乗り越えてしまえば、父方と母方、両方の親戚をいっぺんに克服できるのではないか?」ということだった。

そう、あろうことか僕は、「この機会は、両方の親戚をまとめて克服する一挙両得のチャンスたり得る」という可能性に気づいてしまったのである。となれば、このような機会をみすみす逃してしまうのは、とてももったいないことではあるまいか？　なにしろ今回の機会を逃せば、こうしたチャンスはもう訪れないかもしれないのだから。そう考えられるようになった時に、自分の中で「腹の括り」のようなものができたような気がする。

「祖父が亡くなったら葬式には行く」。この線での僕の準備活動が始まった。具体的には、多大なる精神的苦痛が予想される葬式に向けて、自身の調子をピークにもっていくための努力である。しかし、結果を先取りしてしまえば、どういう理由か、僕はそのピーキングに失敗してしまった。最悪である。でも、自分の調子の上げ下げなんてまるでお構いなしに、来るべきものは来てしまう。二月の下旬、まだ夜も明けきらない朝の六時過ぎ、電話のベルがその冷酷な事実を告げる。事実のみを淡々と、すでに起こったこととして。

それまでの友人らとの再会から得た教訓

①「とりあえず元気な顔を先に見せてしまえば、相手はそれほど訝しく思わないものらしい」
②「向こうが安心してしまえば、それ以上はあまり深く突っ込まれないようだ」

作戦というほどのものじゃないけれど、久方ぶりの親戚との再会を前に僕が考えていたのは、こういう内容だった。「とにかく何でもいいから、先に挨拶をしかけてペースを握ってしまおう」。この作戦は功を奏した。あまりにも久しぶりすぎて、向こうには顔が判らず、「どなた様ですか?」と聞かれるズッコケはあったものの、恐れていたほどの災難は起こらず、どうにか無事に一連の儀式をやり過ごすことができた。横浜に帰る前日には、「親戚ってやっぱ良いものだな」という、あり得ない感想までをも僕に抱かせて。

事前に多大なる精神的負担が予想されたがゆえに用意した、「なんとか最善な状態で『その時』に臨もう」という努力は、見事失敗に終わった。しかし、その最悪な精神状態の中でそれを乗り切ったという事実は、逆に僕に大きな自信を与えてくれた。「この最悪な状況からでも何とかすることができたんだ。たいしたものじゃないか」。この思いと自信は、僕にさらなる一歩を踏み出す勇気と勢いを与えてくれたと思う。

祖父の葬式から一週間後、今度は母方の親戚が亡くなった。比較的遠縁の親戚だったので、無理に葬式に出席する必要はなかったのだが、「大事なことは一度掴んだ流れをより確実なものにすることだ」という根拠のない確信から、父を車の助手席に乗せ、一路、母の実家がある静岡へと向かった。そこには、「この機に乗じてこないだはあまり会えなかった母方の親戚を押さえてしまおう」という計算があったことは紛れもない事実である。この機会に一気にやっつけてしまえばあとがずいぶん楽だろう。そしてやるなら今だ。今しかない。

これに続けて、それから一年後にあった父方の祖父の一周忌にも参加した。これで親戚問題への完全なダメ押しである。この一周忌のあとは、親戚に対して無用な怯えや恐怖感を抱くことはなくなった。今は別段用がないので会いに行くこともないが、気持ち的にずいぶん楽になったものだと感じている。

そういえば、これは単なる偶然だけど、これを書いている今日は、父方の祖父の七回忌だ。今回の法事には僕は参加せずに、横浜の自宅でこの原稿を書いているわけだが、こういう偶然はちょっと妙な気分がしてしまう。今日の法事には僕は参加していないけれど（仕事が忙しくてちょっと無理）、何か別のかたちで僕なりの弔いをしているのかもしれない。そんな気がする。

3．結婚式編

結婚式っておめでたい席だ。「結婚式に出るのが何より好きだ」という人も大勢いるかもしれない。

でも、社会参加にブランクがある人にとっては、ある意味、これこそがいちばん大変な代物ではないか、という気がする。こういう言い方はいささかアレだけど、お葬式のほうがどこか気楽なんですよね。ほら、みんなあんま喋らないし、いろいろ突っ込まれないし。黙って神妙に下を向いていれば、それなりに格好がつくところもある。でも、結婚式だとそうもいかない。

この結婚式なるもの、僕はかなり長いこと苦手だった。というか、今も苦手だ。できればこういうメンドクサイものには出たくない。事実、葬式や法事には出られるようになっても、結婚式だけはその一歩が踏み出せなかった。「結婚式には葬式のような『今行かなければ』という切実さが薄い」という事情も、「一歩」が踏み出せない要因だったかもしれない。とにかくハードルが高く感じられたのだ。

これまで、高校や大学の友人に幾度かご招待をしてもらった。僕のことを忘れないでわざわざ招待してくれるんだもの、ありがたいことです（と、今では思える）。でも結果は全部お断り。すべからく片っ端からゴメンナサイしてきた。思えばずいぶん不義理を重ねたものだが、しょうがないじゃん、だってイヤだったんだから。華やかな祝宴の席で何を聞かれるんだろう？　余興とか出し物とかやらなくちゃいけないんだろうか？　服は？　ご祝儀は？　とか考えただけでげんなりしてしまう。そして何よりやっぱり、「今何やってんの？　仕事は？」と聞かれるのがいちばん嫌だった。この質問はね、ホント恐ろしいのですよ。

そんなフォーマル服大嫌いな自分にも、いよいよ「結婚式デビュー」を果たす時がやってきた。二〇〇五年の十月五日、当時の僕は三一歳。新郎も新婦も数年来の友人。そして二人とも元ひきこもり、もしくは不登校経験者という組み合わせの結婚式だ。

正直言うと、招待された時は「やっぱり結婚式はいやだなー」って思ってた（ゴメン）。

スーツとか着なくちゃいけないし、何かがこう気が進まない。でも新郎は僕らがやっていたひきこもりの自助グループに参加していて、一緒にスタッフまでやった仲だし、新婦は別のグループで知り合って、自分が悩んだ時には何度か折り入って相談もさせてもらった、本当に仲の良い友人のひとり（ふたり）である。そのふたりの結婚式だったからこそ、「よし、今回は出よう」と思えたわけだ。そうでもなければ、踏ん切りはつかなかったと思う（今回出なかったら、いったいいつ出るんだ?）。

付け加えれば、よく知っているふたりの結婚式だから、列席者の顔触れもだいたい予想がついたというのも、大きなプラスだった。これがもし知らない人たちが大多数を占めていたら、話はだいぶ違ったかもしれない。いや、確実に違っただろうな。

そして当日、あれこれ心配と緊張をまといながらも出席した式の感想はこう。

「スーツはウザイけど、結婚式っていうのもそんなに悪いものじゃないな」

どうしてもこのスーツというものには慣れないけれど、「でももしまた機会があるなら、もう一度出てみてもいいかもな」ぐらいの感想を持つことができた。まわりはほとんどが見知っている人ばかりで安心できたし、わけのわからない余興なんかもしなくて済んだ。おまけに十月の空は呆れるくらい晴れ渡っていて気分もよかった。あとから振り返ってみて、「とても素敵な結婚式だったな」というのが、僕の偽らざる感想だった。久方ぶりの結婚式でこうした好印象を持てたのは、自分でもかなりラッキーだったと思う。

そういえば、「以前よりもだいぶ太ってしまったから」ということで、この機会に乗じて新しくスーツを買いにいくことまでした。こんな機会でもなければ、苦手なスーツなんて買いには行かない。そんなこんなで、なんとなくだが、自分の苦手に一歩向き合えたように思えた。冠婚葬祭というのは、言うまでもなくひとつの大きなイベントなわけだが、これをうまく乗りこなすことができれば、自分が成長していくためのひとつになり得るのかもしれない。

こうして、大人になってからの初めての結婚式を、三一歳にして経験したわけだが、次の試練は翌年の七月にやってきた。こんどは親戚の結婚式。二歳上の従兄である。

親戚の結婚式が前回のそれと違うところは、列席する人たちの顔触れが友人の結婚式とはまったく違うという点である。まわりにひきこもりの経験者なんてまるでいないし、いるのは親戚多数に、新郎新婦の友人や勤め先の人など、勝手のわからない人ばかり。正直、今回も「めんどくさいな」と思った。でもそれでもわざわざ福岡まで行こうと決めたのは、結婚する従兄とは昔から仲が良くて、事前に彼から、「圭ちゃんにはぜひ来てほしい」とラブコールを受けていたからである。そういう特別な理由でもないと、なかなか足は向かない。

親戚の結婚式ということで、「この前とは勝手が違う」といろいろ不安を抱いていたのだけれど、蓋を開けたら、それら事前の心配は、ただの杞憂に終わった。というのは、「親戚の結婚式なんてただ座ってメシ食ってりゃいいだけなんだ」ということが判明したから。なぁんだ、そんなものか。

親類だからといって挨拶を求められることもまったくないし、余興をやるのは新郎新婦の友人だし、親類が結婚式でやることといえば黙ってその場でメシを食ってることぐらいしかなかった。

むしろ「何をするか」ではなく、「その場にいること」自体に意義があるかのようだ。そんなわけで、やることがなかったので、同じテーブルの従兄妹たちと、よもやま話を繰り広げる以外は、ただひたすらに出された料理を食べ続けていた。それにしても、あの時の料理は美味かったな。ああいうのだったらまた食べに行ってもいいな。しかしこれじゃ、いったい何をしに行ってるのかよくわからないけれど（まあいいや）。

ちなみに、この時は親類や親戚の目はまったく気にならなかった。すでに葬式や法事で何度か顔を合わせていたので問題ナシ。いきなり結婚式だったら難しかったかもしれないけれど、これまでの蓄積がここで生きた格好になった。何事も小さな積み重ね。そしてその小さな積み重ねは、あとになって大きな力を発揮してくれるのだろう。「いきなり全部解決」っていうのは難しいですからね、実際。

（二〇〇八年一〜三月執筆）

〈後日附記〉
ひきこもり当事者・経験者の中には、冠婚葬祭が苦手という人は本当に多いですが、ここに書いた文章が何かの参考になってくれれば嬉しいです。

旧友に会う

……存在を肯定する言葉

このあいだ携帯が壊れた。

僕は物持ちが良いほうなので、携帯に限らず、何でもひとつの物を長く使う傾向がある。このあいだまで使っていた携帯は四年。ちょっとした思い入れがあったせいもあるが、調子が悪くなるたびに修理に出して、だましだまし使っていたら四年になった。「機種変のほうが安いですよ」とお店の人に言われても、何か釈然としないものが残った。そうやってちびちび使い続けてきたのだが、でもその携帯もついに寿命が来た。僕もついにあきらめた。そんなわけで、実に四年ぶりの機種変である。

勢い余ってなぜか今の最新機種を買ってしまったあと、電話帳データの移動をしてもらっていたのだが、そこで問題が起きた。作業中に元の携帯が完全に壊れて、データの移し替えができなくなってしまったのである。これは困ったことになった。しかしこれでは打つ手がない。仕方がないのでデータの移し替えはあきらめて、携帯とメアドを教えてくれるよう思い付く人全員にパソコンからメールを送ることにした。みなさんから返事をもらって、ひとつひとつ新しい携帯に登録していった。

この作業はひどく手間のかかるものだったが、反面、良いこともあった。ふだん連絡を取らない人たちとメールのやり取りができたことである。中には数年ぶりという人だっていた。近況を交換し合ったり、「また近いうちに飲みに行こうよ」というやりとりもした。たとえそれが実際には果たされない社交辞令的な約束に過ぎないとしても、そういうやりとりをするというのは悪くないものだ。

もうひとつの良かったことは、もう必要のない連絡先を整理できたこと。誰でもそうだろうが、僕の携帯にも、もう何年も使ってないような連絡先がたんまり登録されていた。でもこの機会にこれを一括整理。やってみてわかったのだけれど、必要のある人の連絡先というのはちゃんと手元に残るし、集まるものなのだ。つまり逆を言えば、手元に残らない連絡先というのは、特に必要のない連絡先ということになる。こうやって古いものを整理することで、新しいものが入ってくるスペースが確保されたように感じられた。何かひとつのものを手放すということは、きっと別の何かを手に入れるということなのだろう。

そんなやりとりをした人の中に、高校からの古い友人がいた。ここでは仮に「中島君」としておく。中島とは高校で部活動が同じで、大学も同じ（学部は別）。サークルも同じところに所属していたので、当時からもうずいぶん長い付き合いだった。最近はめったに会う機会がないが、たまの年賀状で彼の動向はわかっていたし、長い期間会ってなくても不思議と心配な感じがしなかった。このまま関係が途切れてしまう感じがなくって、「会ってないけど、あいつとは別に大丈夫」という妙な安心感があった。その安心感があるからこそ何年も連絡を取っていなかったのかもしれない。

その中島からの返信。

「しかし、いい加減ご無沙汰だなぁ。久しぶりに仕事帰りにでも飯でも食わない？　どこで仕事してんの？　俺はあいかわらず新宿です」

実は夏にも集まる話があったのだが、この時は少し人数が多かったせいもあって、どうしても気が進まずパスさせてもらっていた。でも今回は彼と自分の二人だけだったし、なんとなく「行ってみてもいいかな」、「行きたいな」という気持ちになっていた。そこで少しためらいつつも、あまり深く考えずにその翌週に会うことにした。こういうのは一気に決めてしまわないとあとで苦しくなる。

中島に会うのは、たしか七年ぶりである。前回がいつだったのかよく思い出せない。最初に出会ったのは十五の時だったが、今ではお互い三五だ。「これだけ間が空くと、会っても顔がわからないんじゃないか？」と内心心配しながら、待ち合わせ場所のＪＲ品川駅改札へと向かった。

でも、一発で中島だとわかった。どう見ても見間違うことのないくらい中島である。小さく手を挙げ、「よう」と短く声をかける。すぐにわかったのは向こうも同じだったらしく、僕と同じ感想を口にしていた。「もうずいぶん久しぶりだし、正直会っても顔わかんないんじゃないかと思ってたけど、案外わかるもんだな。いやー、岡本だ。見れば見るほど岡本だな。びっくりするぐらい岡本だわ」

いやー、このひと言は嬉しかったですね。「見れば見るほど岡本」。この言葉は本当に嬉しかった。「なぜだろう？」と自分でも考えたのだけど、たぶん、自分の存在を土台から全肯定されたような、そんな感覚があったからじゃないかと思う。存在を肯定する言葉は人の心を土台からあたためてくれる。

彼は大学の理工系の学部を出たあと、大学院に進み、そこから大手のゼネコンに就職した。今も同じ会社に勤めて設計の仕事をしている。数年前に結婚して、今では子どもがふたりもいる。都内に家も買った。「息子は可愛い」をしきりに連発していたのが印象的だった。でも中身的には昔と変わらなくて、不思議な安心感があった。そう、中島は中島なんだ。お互い状況は変わっても、何か揺るがないものがあるんだと思う。だから安心なんだ。

「高校の時からあんま変わってないんだよな。あの頃はスキー部の連中でうひょうひょ言ってたけど、今は三歳の息子相手にうひょうひょ言ってるよ。相手が息子に替わっただけでさ。やってることはあんま変わってないんだよな。そう思わない？」

思う。そりゃあもうてんこ盛り思うよ。俺だって基本、十八の時と何も変わってないもん。「気持ちは今も二五」（あるいは十八）なんて言うとちょっと年寄り臭いんだけど、でも事実そう感じるのだから仕方がない。特に彼と一緒にいるとそれを強く感じる。「十八の時からほんと何も変わってないんだなー」って。たぶん僕の場合、人間としての土台が出来上がったのが十八の時だったのだろう。ほかの人はどうか知らないけれど、あるいは一般に、人は十八ぐらいの時にそのベースが固まるのかもしれない。

　もう十年近く前の話だけれど、中島にはもうひとつ嬉しい言葉をもらったことがある。ふたりで新潟かどこかにスキーをしに出かけた時、初めて「ひきこもり」という言葉を使って自分の過去を説明した。ごく控えめに言って、ものすごく勇気の要る作業だった。彼からどんな反応が返ってくるのか不安で仕方がなかったのだが、後日受け取ったメールにはこんなことが書いてあった。

「最初はなんかよくわからなかったし、びっくりもしたけど、でも岡本はいい経験してるなと思ったよ。俺も負けられないなって思った」

　これには驚いた。それまで僕は自身のひきこもり体験を「マイナスの体験」としか思えなかったから、これはとても意外な反応だった。まして彼のような「順調な」人生を送っている人にそんなふうに言ってもらえるなどとは思ってもみなかった。もう失くしてしまったけれど、そのあとしばらく、僕はそのメールを印刷して部屋に飾っておいた。あの一通のメールに、僕があの時どれだけ救われたかわからない。

　そして今回である。今回彼に会えたことも、彼からもらった言葉も、どちらも本当に嬉しかった。帰りがけに、「こういう機会は必要だな。もっと会わなきゃな」ということを互いに言い合った。あるいは今回のこれは、四年間大切に使った携帯がくれたプレゼントだったのかもしれない。ふとそんなことを考えた。

（二〇一〇年一月）


〈後日附記〉

それはそうと、ひきこもりを経験していない人からの承認には、本当に大きな力があると思います。ひきこもり当事者の周囲にいる人だからこそできることも、きっとあるような気がします。

ＯＣＤ
……わかっちゃいるけどやめられない

「強迫神経症」という言葉を知っていますか？

僕は知っています。なぜなら、僕がこの症状に悩まされるようになってもう十年ぐらい経つから。一時期はかなりひどくて、病院の先生に相談したりもしたけれど、幸い、日常生活に著しい支障を及ぼすほどのことにはならなかったので、まあなんとかぼちぼちと症状と付き合いながら現在に至っている。

この言葉に耳馴染みのない方のために簡単に解説しておくと、強迫神経症（強迫性障害、Obsessive-compulsive disorder＝ＯＣＤ）というのは、自分でも「気にしすぎ」と思いつつも、特定の行為をなかなかやめられない心の病気のこと。比較的ポピュラーなのが、自分の手や身体が汚れているような気がして洗面所で何時間も手を洗い続けてしまうとか、外出してから玄関の鍵を締めたか心配になって何度も確認を繰り返すというもの。こういうことって、まあ誰にでもある。「あれ、わたしガスの元栓閉めたかしら？」みたいに。あれをもっと酷くした感じをイメージしてもらえるといいと思う。

普通の健康な人は、そういう思いにとらわれても、「ま、いいか」とか、「たぶん大丈夫だろう」と思って気にならなくなるけれど、この病気になるとそうは思えなくなって、何度もドアの鍵を確認しに家に戻ったり、家を出るのにひどく時間がかかって約束の時間に遅れたりしてしまうことになる。あるいは何時間も手を洗い続けて手があかぎれだらけになったり、水道代が驚くほど高額になったりする。時には手洗いや確認行為に同居する家族を延々付き合わせたりもする。当然、日々の生活に支障が出る。やっている本人は多くの場合、自分でも「ばかばかしい。できたらやめたい」と思っているのだけれど、どうしても不安の方が勝って行為を繰り返してしまうので、本人にとっては結構つらい病気である。

僕は二七、八歳の頃からこの症状に悩まされるようになった。はっきりとした原因は思い出せない。たぶん、これといったきっかけはなかったんじゃないかと思う。ひきこもりから出て数年後のことだから、ひきこもり生活との直接的な関係もない。ひきこもった生活を送る中で二次的にこうした症状が出てくることはあるけれど、僕の場合はそれでもない。なんでこんなことになってしまったのかはまったくの謎。

僕がどうしても強迫的になってしまう行為はふたつあって、ひとつめは先にも書いた、玄関のドアが締まっているか心配になって何度も確認してしまうもの（ポピュラーですね）。もうひとつは、部屋の暖房器具（特に電気ストーブ）が点けっぱなしなっているのではないかと気になって、火が消えていることを何度も何度も確認してしまうもの。このふたつである。いわゆるところの確認強迫。これがやめられない。わかっちゃいるけどやめられない。

自分でも不思議だなと思うのは、確認の症状はあるけど、強迫で最もポピュラーと言ってもよさそうな不潔恐怖の症状はまったくないこと。手が汚れているだとか不潔だとかはまったく気にならない。床に落ちた食べ物も平気で口に入れられるし、人が触った吊り革やドアノブなどに触ることにも何の躊躇も覚えない。トイレに行って洗面で手を洗ったあとも、普通にジーンズとかで拭いてしまう。知人や職場の人には「よくそれで平気でいられるね」と感心されるが、こういうのもまったく気にならない。

でも、確認の行為だけはやめられない。朝、家を出る時には、窓の戸締りや玄関の鍵が締まっていることを何度も点検する。ドアの鍵をかけたあとは、何度もドアを引いて鍵が締まっていることを確認する。今は「一度につき三回まで」と決めているからまだ良いのだが、一時期は一日に十回以上もドアを引いていたので、ついにはドアの金具をへし折ってしまった。金属のねじが一本折れた。

冬は暖房器具を使うので、家を出るまでにより時間がかかる。一か所につき五、六回の確認は当たり前。ひどい時には一〇分以上も確認の行為を続けてしまうので、家を出るのが本当にギリギリになる。

では家を出ればOKかというと、そうではない。駅に向かって歩き出してからやはり心配になって家まで戻ることなど頻繁にあるし、駅に着いてから家まで戻ってしまったことも幾度となくある（当然の帰結として、電車を何本か乗り逃す羽目になる）。

もっと極端な例では、横浜駅に着いてから同じ電車に乗って家まで引き返し、わざわざ家の戸締りを確認しに行ったことも過去に二度ほどある。言うまでもないことだけど、こういうことがあると精神的にどっと疲れる。自分で自分がほとほと嫌になる。

そしてもちろん（というべきなのだろう）、実際に家に帰ってみて玄関の鍵が開けっ放しになっていたり、家の電気ストーブが点けっぱなしになっていたことはこれまで一度もない。家に帰る道すがらは、「火事になって家が全焼しているのではないか」という不安にとらわれるのだが、そうしたことはこれまで一度もなかった。

五年ぐらい前に、当時通っていた病院の先生にこのようなことを話したら、彼はしばらく沈思黙考したあと、「まあ、ギリ（ギリセーフ）だね」と返してきた。まあ許容範囲内であると。その時は僕なりにかなり困って先生に相談というか、打ち明けてみたのだけれど、そう言われて脱力して、「ま、いいか」という気になってしまった。それ以来、この強迫の症状については少しだけ気にならなくなった。そういった意味では、先生のあの言葉はある程度僕の悩みを救ったと言えるのかもしれない。しかしそれにしても、「ギリだね」っていったいどうなんだよ、と思わなくもないけれども。

この強迫性障害については、以前、職場に同じ悩みを抱えている人がいた。その人と強迫の話になった時、彼女はこんなことを言った。「そっか、ケータさんも強迫なんだ。ケータさんは火系だね。あたしは水系だけど」。は？　火系？　水系？　いったいなんだそれは？

それまで知らなかったのだが、僕みたいに暖房器具やガスコンロが気になるのが「火系」で、彼女みたいに、洗濯機の水が溢れてマンションの階下に漏れて大変なことになってしまっているのではないかといった妄想にとらわれるのを「水系」というらしい（どこまで一般的かは知りませんが）。そう言われてみれば、水が溢れてどうにかなってしまうという心配はこれまで一度もしたことがなかった。そういう発想自体をしたことがない。僕の強迫観念は火と戸締りという二点のみに限定されているのだ。これに気づいてからは、よりいっそう症状が楽になった。そんなにポピュラーでカジュアルなことなんだと。

もうひとつ僕の症状を楽にしてくれたのは、本屋で偶然手に取った『強迫性障害のすべてがわかる本』（講談社）。それまでは自分が安心するために確認行為を徐々にエスカレートさせていたのだけれど、この本を読んで、強迫行為をすることがみずからの強迫観念を強化してしまう仕組みがあることを知った。強迫観念が強くなるから、その不安を打ち消そうとしてさらなる強迫行為を繰り返してしまう。行為を繰り返すからさらに強迫観念が強くなる。これの連鎖で症状がひどくなる。あ、ダメじゃん俺。
それ以降は、不安に駆られて確認したくなっても、なるべく気合いを入れて我慢するようにしている。まあ、それを実際に我慢するのは結構大変なのだけども。

（二〇一二年九月執筆）

〈後日附記〉
幸いなことに、僕の強迫性障害は、この十年ほどでだいぶ少なく軽くなりました。「ドアノブの確認は一日三回まで」という自分ルールが概ね遵守されているし、生活に支障が出るようなことはすっかりなくなりました。唯一、長期の旅行の前だけは確認の回数が増えてしまうのだけど、「これはもうしょうがない」と割り切ってやっています。

いろいろな実例
……働いて稼ぐか、ひきこもり名人になるかという選択

遅ればせながら、最近、勝山実さんの『安心ひきこもりライフ』（太田出版）を買って読んだ。

昔と違って、ひきこもり本をマメにチェックするようなこともなくなったので、発売早々に手に取ることもなかったのだが、一応ずっと気にはなっていた。何といっても、十年ほど前に出た前著の『ひきこもりカレンダー』（文春ネスコ）は、僕が最も好きなひきこもり当事者本である。

前著の『ひきこもりカレンダー』についていえば、勝山さんの文章に特有のテンポの良さやスピード感が好きだというのもあるのだが、何より、一見軽妙そうに見えながら、その実、ひきこもりの実態とつらさが簡潔かつ的確に描かれているという点において、この本に勝るものはないと思っている（簡単に言えば、僕はこの本のファンなのだ）。親御さん受けは間違いなくしないと思うが、いや、あのねぇ、この本はいいですよ、マジで。「発狂するのではないかという恐怖。その恐怖を振り払うためにマラソンを始めた」のあたりなんかもう最高っす。泣きながら走る勢いですから。実際走りましたから。

さて、その勝山さんの新著の『安心ひきこもりライフ』だが、僕の職場の人たちもわりに興味を持っている。買って読んだ人がどう反応するか興味があったのだが、「意外なことに」というべきか、結構おもしろがって読んでいて、すでにスタッフ間どうしでの貸し借りも始まっている。で、その『安心ひきこもりライフ』を僕も読んでみたのだが、正直言ってあまりおもしろくなかった。前作同様、文章は上手いしおもしろいし、「ああ、やっぱり頭の良い人だなあ」とは思ったが、本の内容がまるで頭に入ってこないというか、全然共感できずに「すうっ」と通り抜けてしまう感覚があった。「半人前公務員」（事実上のワークシェア）の提言と、障害福祉制度の活用についての記載は印象に残ったけれど、それ以外では、おもしろいと思えるところは見当たらなかった。正直に言えば、僕は前作の方が好きだ。「世間に出なければ、社会に出なければと思い、アルバイト雑誌を毎週買うが、怖くて中を読むこともできない」、「八月　まったく日焼けしていない自分に気づく。外に出るのが恥ずかしい」というような、思わず膝を打ちたくなるような記述は見当たらない。

実をいえば、本を読んでもあまり共感できないだろうなあということは、事前から半ば予想できていた。勝山さんのブログを読んでいてもあまりおもしろいとは思えなかったというあたりですでに予感はあった。発売後すぐに購入しようと思わなかったのは、あるいはそのためかもしれない。

誤解のないように言い添えておくが、この本が退屈だとは思わない。勝山さんの言っていることはある程度理解できるし、勝山さんの主張するようなやり方も「あり」だと思う。ただ、自分がそういう「安心ひきこもりライフ」を送りたいかといえば、それにはまったく共感できなかったという話である。勝山さんの主張が正しいとか間違いとか、そういうレベルのことではない。ただ単に僕が興味を持てなかったのだ。

これは僕のまわりだけかもしれないが、この『安心ひきこもりライフ』の評判は結構良い。なのになぜ、あまりおもしろいと思えなかったのか、少し自分で考えてみた。

答えはたぶん、わりに単純である。勝山さんと僕の目指している方向が正反対だからだ。

勝山さんは「働く」ということからドロップアウトしている。働くことをドロップアウトし、「働く」とは別の生き方を模索・実践している。なにしろひきこもり名人なのだ。他方で僕は、いろいろと課題はありつつも、どうにかこうにか働けている。働けてしまっている。それも七年。おまけに岡本は知る人ぞ知るメジャー志向の人間。「降りていく生き方」なるものに昔から馴染めなかったし、できることならもっと上に行きたいという欲求を捨てきれずにいる。はじめから、「降りていく生き方？　結構です」という人間なのだ。

……とまあそんなわけで、勝山さんと僕とでは、目指す方向がこれくらい違うのである。ひきこもり当時の心情や様子（『ひきこもりカレンダー』のところまで）はよく似ていても、その後の方向性がこれだけ異なる。なので僕は、「安心ひきこもりライフ」に対して理解はしても共感はしない。より正確にいえば、「共感したくても、できない」。なぜなら、僕は今のところ、「安心ひきこもりライフ」の対岸にある生き方を実践できてしまっているからだ。もちろんこれは、どちらが良いとか悪いとかの問題ではない。その人にとってどちらの生き方が可能か、あるいはどちらの生き方を選択することがその人にとって幸福か、というたぐいの問題である。

今の僕にとっては、「安心ひきこもりライフ」は特に必要がないし、興味も持てないけれど、一方で、そうした生き方やワークシェアの働き方がフィットする人たちも数多くいるだろう。特にここ数年、ひきこもりの高年齢化の問題が深刻になりつつある。三十代後半から四十代、五十代へと突入し、「いかに働くか」ではなく、「いかに生き延びるか」を真剣に検討せざるを得なくなった時に、勝山さんの提案はひとつの現実的な選択肢になると思う。

親御さん方はどうしても「働いて稼ぐ」ということにこだわるけれど、「働かなければ生きていけない」というのもなんだかヘンだ。「人生＝就労」ではない。働かなくてもその人が幸福な人生を送れるのなら、それはそれでＯＫではないのか。働いて自活できていても、毎日つらくて死にたい気分でいるのならば、そんなものには何の意味もない。就労は幸福になるための手段であって目的ではない。

しかしそれでも、「働かなければ生きていけない」と親も子も一様に思いこんでしまう。そしてここで問題になるのは、「働く」以外の人生の選択肢が世の中に見当たらないことだ。道が一本しかないから、どうしてもその一本の道にこだわってしまう。でもそれってどうなのかな？　そうじゃない生き方もアリなんじゃないかな？　ということを勝山さんは提起してくれているのではないだろうか。勝山さんの示す実例に共感できるかどうかは、また別にして。

いろんな生き方があっていいのだと思う。講演会に行けば、いろんな当事者たちが自らの経験を語っている。いろんな人の声を聴き、いろんな生き方（実例）に接してみて、「これならありだな」と自分で思えるものにめぐり会えたらいいんじゃないかな。どうでしょうか？

（二〇一一年九月執筆）

〈後日附記〉

一本のロープしかないと、人はどうしてもその一本にすがりついてしまう。手が血まみれになっても離そうとはしない。なぜなら、手を離したら真っ逆さまに落ちてしまうから。でももし、ロープが二本あったら、少しは気楽に考えることができそうです。複数のロープがある世界になったらいいですよね。

大河の一滴、川の支流
……生者は死者に生かされる

たしか僕が二二歳――大学の五年目の時だったと思うけれど、ノンフィクション作家である柳田邦男さんの『犠牲（サクリファイス）』という本を読んだ。柳田さんの次男である洋二郎さん（当時二五歳）が自死から脳死状態となり、家族として臓器提供を選ぶまでの十一日間を描いた作品だ。

今でも憶えているのだけれど、書店で平積みの『犠牲』が視界に入り、本の表紙を眺めた時に、何かピンと来るものがあった。表紙がほんのり光って見えた。それがどういう内容の本であるかまったく知らなかったにもかかわらず、である。当時すでに対人緊張が強く、アルバイトをすることもままならない状態だった僕にとって、新刊本の一四〇〇円という値段は財布から出すのにかなり勇気の要る額だったはずだが、気づいた時にはこの本を持ってレジの前に立っていた。家に帰って貪るようにこの本を読み終えると、こんどは続編である『「犠牲」への手紙』を買って読んだ。

何年かあとに振り返ってみてわかったことだけれど、僕にとって、この『犠牲』という本との出会いはかなり大きな意味を持つものだった。もしこの本に出会っていなかったなら、僕がひきこもり生活から脱出するのはもっと遅い時期になっていただろう。少なくとも、二五歳という年齢にはならなかったはずだ。

僕が二五の時にひきこもりから脱出したということはここでも再三述べているけれど、この「二五」という年齢には意味がある。これは、洋二郎さんが亡くなった時の年齢だ。僕がひきこもっているあいだ、意識の端にはずっと洋二郎さんのことがあった。この『犠牲』という本を読んだせいか、いつしか「二五歳までには何とかしたい」、「二五までにはなんとかしなければ」と考えるようになっていた。自分でもよくわからないうちに、「二五歳」というデッドラインを引いていたわけだ。

ここで誤解してほしくないのだけれど、この区切りの感覚は、決して「あんなふうにはなりたくない」という反面教師的な気持ちから来たものではない。そうではなくて、これは何と言えばいいのか、僕の中には「洋二郎さんの死を無駄にしてはいけない」という気持ちがあったように思う。なぜそう思ったのかは今でもよくわからないのだが、やはり自分と似たような苦しさを経験した人、ある意味では自分を死の淵から引き戻してくれた人に対する連帯感ではなかっただろうか。『「犠牲」への手紙』の中で、洋二郎さんをして「同志」と書かれていた人がいたけれど、きっとそれによく似たものだと思う。

そのような経緯があったので、これは結局実現はしなかったけれど、僕が企画スタッフとして参加していた二〇〇六年度の横浜市都筑区のひきこもり講演会に、柳田さんをゲストとしてお招きしようと考えていた。なぜ柳田さんに来てもらいたいのかをわかっていただきたくて、かなり長文の手紙も出した。たぶん、僕という人間が洋二郎さんと『犠牲』に救われて、今この場にいるのだということを、そして、洋二郎さんの死は決して無駄なものではなかったのだということを柳田さんにお伝えしたくて、この企画を発案したのだと思う。そしてもちろん、柳田さんだけでなくもっと多くの人に——もし可能ならば洋二郎さんにも——そのことを伝えたいと思っていた。洋二郎さんの命日と僕の誕生日が同じ日であることに、何かの因縁を感じずにはいられなかった（正確なところは不明だが、たぶん同じ日だ）。

話は大きく変わるが、同じ大学時代の話。

僕が当時所属していたサークルの二年先輩に、二十代前半で病気で亡くなられた方がいた。僕は当時二二、三歳だったと記憶している。『犠牲』を読んだのとほぼ同じ時期だ。すでに僕はサークルを引退していたけれど、なにしろそういうことなので、千葉のほうで行われたお通夜に参列した。
偶然だが、その先輩は僕と同じ一人っ子だった。僕は子供の頃から、悲しい映画を見ても泣かないほうだったし、悲しい場面を目の当たりにしても特に動揺しない妙な自信があったのだが、ご両親が最後に棺の窓から亡くなった息子さんに語りかける場面になったら、思わず目をそらしてしまった。それ以上直視することができなかった。自分が死んだらこれとまったく同じ光景が繰り返されるんだと思った。そう考えたら、自分から死を選びとるのがことのほか難しくなってしまった。いくらなんでも、両親にそんな思いをさせるわけにはいかない。そのせいかどうかはわからないが、今も僕はこうして生きている。

身内にうつ病を患った者がいたので、精神科の病院や心療内科、服薬やカウンセリングというものにそれほど抵抗がなかった。精神科の病棟にも何度も通ったし、「そういうのは誰にでも起こり得ることなんだ」ということを、体験を通して知っていた。僕がひきこもりから出るにあたって、精神科の病院にそれほど抵抗なく行けたのは、その時の経験があったおかげだ。

そして、のちの章でも記すけれど、大学五年目の夏に自転車で北海道を一周した。二ヶ月かけて北海道をまわる頃には、「世の中いちばん大事なのは人なんだ」と感じるようになった。そしてその数年後、結果的に、僕は人に助けを求めた。そうするしかほかに方法がなかったからだ。

それから早や十二年。たくさんの人に運ばれて僕はここまで来た。もちろん、この先のことなんて何もわからないのだけれど。

ここで結論。僕は何かひとつの明快なきっかけがあってひきこもりから抜け出たわけではない。そうではなくて、ここに書いたようなたくさんの出来事の集積こそが、僕をどこか別の場所へと導いたのだ。それはあたかも、山の岩肌を走る小さな小川が寄り集まってひとつの大河を形作っていくのと同じように。そして裏を返せば、今はその意味がわからなくとも、そのひとつひとつの出来事には、きっと何かの意味があるのだ。僕はそのように考えている。

（二〇一一年一一月執筆）

〈後日附記〉

柳田さんの『犠牲』の話は一度どこかで書いてみたいなとずっと思っていました。この本は、僕がひきこもりの生活から抜け出る中でかなり大きな意味を持った一冊です。そしてそのほかのエピソードも含めて、これは生と死の話です。僕は死者に生かされているのです。きっと。

The Shock of the Lightning

……はじまりの話

あれから十七年もの月日が過ぎて、あの日の記憶はずいぶん遠く、薄ぼんやりとしたものになってしまった。かつてはあれだけ克明かつ鮮明に憶えていたものが、今ではいくぶん色彩を失った、いささか現実感の乏しい記憶になっている。しかしそれはきっと、僕にとって好ましいことなのだろう。あの日の記憶が薄らぎ、輪郭の不確かな思い出になっているということは、そのぶん、あの日から始まった一連の苦痛の日々が、僕にとって遠い過去のものになっているといえるからだ。

これからここに書くのは、僕の挫折とその後のひきこもり生活へとつながる、最初のきっかけとなった事件の話だ。この話はこれまでどこかで話したり書いたことはない。それはおそらく、自分にとってあまりに大きな意味を持つ体験だったので、その体験をうまく言葉や文章に置き換えることができなかったのだと思う。

僕はこれまでに、尋常ならざる体験をふたつほどしたことがある。そのうちのひとつが、精神的なストレスが重なって倒れてしまった時のことについて書いた文章（本章最後に掲載の「白い世界」）で、もうひとつが今日これから書く「雷事件」だ。それを「雷」あるいは「雷事件」という意味の伝わりにくい名前で呼んでいるのは、やはりこの事件が、僕にとっていまだに説明がつかない、消化の難しい体験であるからだろう。あれを何と表現していいのか、どんな名前をつけて呼べばいいのか、いまだによくわからずにいる。なのでとりあえずは便宜的に、「雷事件」と呼ばせていただきたい。

その「雷」が落ちてきたのはもう十七年も前、一九九四年のことだ。この「雷事件」を境に僕は心のバランスを崩し、その後数年かけて緩やかに調子の坂を下っていった。そしてその坂の下に結果的に待っていたのは、約三年に及ぶひきこもりの生活と、その間の絶えることのない自責と後悔と不安の日々だった。この「雷事件」が起きてから、僕のひきこもりの直接の契機である就職活動の失敗に至るまでには約三年の期間があるのだが、のちに始まる僕の挫折のいちばんのきっかけは、この九四年の時点ですでに始まっていたことになる。

その日のことを、記憶のかぎりに辿ってみる。

それがやって来たのはその年の五月か六月頃のことで、当時の僕は十九歳、大学二年生だった。今住んでいる家に引っ越してきてまだ一ヶ月ほどしか経っていない頃で、二階にある僕の部屋の中には数箱分の段ボール箱が、所在を失ったまま目的もなく積み上げられていた。その日は朝から重たい雨が一日中やむ気配も見せずに降り続いていた。その日は朝からずっと家にいた記憶があるから、その日は授業がなくて休みだったのかもしれない。

その雨の日の昼間、自分がその部屋で何をしていたのか、今ではよく思い出すことができない。そしてそれは唐突にやってきた。「もしもし」も「こんにちは」もなく、ドアのノックも何もなかった。ふと気がついた時には、僕はすでに強烈で暴風雨的な不安の渦の中に放りこまれていた。その時感じたものを言葉にすれば、「このままでいいのだろうか?／この先自分はいったいどうなってしまうのだろう?」という将来への不安を極限まで濃密にした感覚だった。僕が自分の将来に対してこのような激しい不安を覚えたのは、この時が初めてである。それはもはや「不安」などという生易しい種類のものではなく、まるで、自分の世界の底が抜け落ち、一瞬方向を喪失したような、あるいは出し抜けに強いうず潮に巻き込まれて海中深く沈められた時に感じるような、もっと暴力的で理不尽極まりない恐怖感だった。

その唐突な不安はいったいどれくらい続いたのだろう？　時間にして三十分か一時間程度のものではなかったと推測する。その竜巻のような恐怖は何の前触れもなくやって来て、そしてどこかへと去っていった。あとに残されたのは、決定的な何かを損なわれた僕自身の残骸だけだった。

その激しい砂嵐が去ったあと、はじめの数時間は部屋の中で茫然としていた。僕自身、どうしてこんなことが起きたのか、状況をうまく呑み込むことができなかった。その体験はあまりに唐突だったし、あまりに圧倒的過ぎたのだ。しかし時間の経過とともにその時の不安と恐怖は減っていき、その恐怖自体も、その後二度と僕の前に姿を現すことはなかった。

その事件からひと月くらいのあいだは、僕も鮮明なイメージとともにこの奇妙な事件を記憶していたのだが、時間が経つにつれて、いつしかその記憶も薄らいでしまった。「何かおかしなことがあったな」と思っただけで、それほど深く気に留めることはなかった。僕はその日起きた出来事を忘れるべきではなかったし、その出来事が起きた意味をもっとよく考えるべきだった。しかし僕はそれをやり過ごしてしまった。まさかそれが自分自身の生き方の問い直しを迫られている前触れなどとは思いもしなかったのだ。

今にして思えば、九四年のその事件の前と後とでは、僕という人間の在りようはずいぶん大きく変更させられてしまったと思う。外見上の変化はなく、当時の僕自身もその変化に気づいてはいなかったものの、その本質のところではかなり大きな変化がもたらされた。何かが決定的に変わってしまったのだ。

この「雷事件」のあとの僕は、「このまま今の学校にいることに意味はあるのか？」と自問するようになり、退学を真剣に考えるようになった。学校からは自然と足が遠のき、学期末の試験も受けなかった。試験を受けることの必然性や意味みたいなものがうまく見つけられなかったのだ。

今でもよく覚えているのは、映画『メジャーリーグ2』のこと。月曜一限のドイツ語の授業に出る気がどうしてもしなくて、通学途中の横浜駅で電車を降り、ふらふらと映画館に入ってこの映画を観た。主役のチャーリー・シーンのほかに、とんねるずの石橋貴明が出ていた。もちろんそのあと、この授業の試験は受けていない。七月を前にして学校の授業は僕の中で急速にその意味を失い、僕自身もみずからが進むべき道を見失っていった。その先のことはあえて説明するまでもないだろう。あとはその後のひきこもり生活に向けて、徐々に加速度をつけて走り始めていったわけだ。ここまでが僕がひきこもるようになる最初のきっかけである。

「雷」という名で呼んでいたことからもわかるとおり、僕はあの「雷」を自分の外から不意にやって来たものだと理解していた。まさに頭上から落ちてくる雷撃のごとく、唐突にそれは落ちてきたのだと。

しかしあれから長い時間が経って、僕は次第にこう考えるようになった。あの「雷」はある種の警告だったのではないかと。当時の僕に対して、「もう少し真剣に自分の将来について考えるべきではないのか？」と訴えていたのではなかったかと。

そしてその警告を発していたのはおそらく――こんなことを言うと奇妙に響くかもしれないが――ほかならぬ僕自身だったのだろうと今では思う。僕がふだん意識することのない暗がりの中に潜む何かが、僕自身に対してそのような警告の鐘を鳴らしていたのだろう。つまりその警告のメッセージは、決して外からやって来たものではなく、僕自身の中から発せられていたものだったのだ。そのことに当時の僕が気づくことができていればよかったのだけれど。

（二〇一一年三月執筆）

〈後日附記〉

この「雷」の話は、誰かのインタビューで話した以外はどこにも書いたことがなかったのですが、ふと思うところがあって文章にしたものです。オアシスの「The Shock of the Lightning」という曲を七十回ぐらいリピートで流しながら書いていました。こういうちょっと普通ではない体験は、働きはじめてからは経験してないですね。どうしてかな。

何度目かの、桜の季節
……桜の花って、ある意味暴力的ですよね？

桜の花が咲き始めた。

僕の家の近くの駐輪場の横には、梅林というほどではないのだけれど、梅の木が二十本ぐらい植わっている場所があって、つい先週まで白い梅の花が咲きほころんでいた。

そして今週に入ってからは、その梅の花と入れ替わるようにして、駐輪場の逆側にある小学校の桜が少しずつ花をつけ始めた。途切れることなく春の花を楽しめるので、小さな場所ではあるが、なかなか良い環境だと思う。僕にとっては、朝晩の通勤の際のひそかな楽しみになっている。

だが、正直なことを言うと、僕は桜の花があまり好きではない。

いや、好きなことは好きなのだが（「桜の花が心の底から嫌い」という日本人がいったいどれほどいるというのだろう？）、桜の花を見て「きれいだな」と思うと同時に、昔の嫌な気持ちを思い出してしまう。桜の咲く季節が憂鬱で、「桜の花なんて早く散ってしまえばいいのに」と毎日思い願っていた日々のことを思い出す。それは、僕がまだ二十代だった頃。就職活動に失敗して社会からひきこもり、そこから抜け出してどうにか働き始めるまでの約七年間。この時期は毎年春が憂鬱だった。本当に苦手だった。

言うまでもないことだが、春は新しい門出の季節だ。三月に卒業式があり、四月になれば入学式や入社式がある。多くの人が新生活を迎えて、それぞれに期待や希望を抱いたり、ちょっとばかり緊張したりしながら、各々の新しい生活の中へと踏み出していく。人は少しずつ大人になり、成長を重ねる。そして、桜とその満開の花びらたちが、新しい門出を迎えた人々を暖かに祝福する。

しかし、社会から撤退してひきこもった生活を送る人からすれば、春は非常に苦しい季節だ。この幸福と祝いに満ちた季節においては、彼らは、社会に出ていくことのできない自分の不甲斐ない現状をいつにも増して強く突きつけられる。新しいステージへと羽ばたいていくかつての友人や同年代の人たちを横目に、彼らから遠く離れ、すっかり置き去られて周回遅れになった自分の立場を深く思い知る。当然、将来への焦りはよりいっそう強くなり、社会に出て人並みに働かなければということを意識する。ある場合には、思いきって仕事を始めることを考えたり、実際に行動を起こしてみたりもするだろう。

しかしたいていの場合、その試みはうまくはいかない。やっぱり今年も動き出すことができなかった。そして相変わらず部屋の中にいる生活。もしくは、いつにも増して外に出ることが恐ろしくなって、カーテンを閉めて布団の中に潜り込む日々。

そのような場合、彼らは（僕らは）外に出ることすら叶わない自分の情けなくも苦しい現状に対して、不安と恐怖と罪悪感と絶望感とがない混ぜになった感情を抱くことになる。毎年春を迎えるたびに、彼らはそのような苦しさを味わう。僕もそれは何度も経験した。あれは実に苦しいものだ。三十歳で仕事を始められるようになるまでのあいだ、僕は四季の中で春が最も嫌いだった。桜の花と、それが象徴するものたちを毎年疎ましく思い、ある時には憎みさえした。桜の下で花見なんかする人たちの気が知れなかった。

そんなふうだった自分が、桜が咲いてもさほど苦しさを覚えなくなったのは、やはり三十歳を過ぎて、曲がりなりにも働き始めて、自分で自分のことを「OK」と思えるようになってからだった。

働けるようになってからは（より正確に表現すれば、「働けるようになって自分で自分のことをOKと思えるようになって、それまでの苦しみから解放されてからは」ということだが）、桜の花や桜の季節が以前よりも嫌ではなくなった。それは二〇〇五年の春。当時の仕事場の窓から見えた公園の桜を見て、僕は、以前ほどには苦しさを感じていない自分を発見した。それは半ば予想されたことだったとはいえ、それでも自分の中では大きな発見であり、また、ある種の驚きでもあった。桜を見ても苦しさを覚えないなんて、そんなことはここ数年、絶えて久しくなかったことだから。

その二〇〇五年の桜は、雨と強風とであっという間に散ってしまったのだけれど、桜が早く散ってくれて救われた人たちもきっと大勢いただろうな、などということを考えた。僕の場合どうしても、花見をする側ではなく、花見ができない側の心情に思考が寄り添ってしまう。苦しくて花見ができない側のほうが、僕にとってはより近しく感じられるのだ。そしてそれは、働き始めて八年経った今でもあまり変わっていない。そういう苦しい時間を過ごした時期があまりに長かったせいかもしれない。

春が苦しくて、昼間に外に出ることも憚られた時期の後半には、僕は夜桜を見るようになった。桜の花ってどこか狂気を孕んでいるというか、ある種暴力的なところがあるけれども（少なくとも社会に踏み出すのが苦しい人たちにとってはそうだろう）、夜の桜はまだ比較的やさしい。

そのことを人に教えられて、「なるほど。そうかな」と思って夜の花を見るようになった。もし「昼間の桜が苦しい」という人がこれを読んでいたら、ぜひ一度試してみてほしい。夜のやさしさを感じられるかもしれない。

（二〇一三年三月執筆）

〈後日附記〉

相変わらず桜の花はあまり好きではなくて、四月はよく山梨に桃を見に行っています。一面のピンクの絨毯、きれいなんですよね。帰りにほうとうを食べて帰るのがお決まりのコースになっています。

白い世界

……深淵な眠りの日々

五年前に派手に潰れたことがある。その時の話をしてみたい。

僕が潰れたのは二〇〇〇年の十月十一日（水）。今でも日にちを覚えている。その年の九月あたまからいくつかの事件に絡んで心労が重なり、十一日の水曜日に臨界に到達。翌日の朝になって、当時通っていた精神科の窓口に駆け込んだ。ふだん診察の前には必ず予約を取るのだが、今回は予約なしのイレギュラー。とにかく「なんでもいいから薬ください」という状態で、たった一〇分の診察のためだけに片道二時間かけて病院へと向かった。時間は朝の九時半。ふだん僕は午後の遅い時間にしか病院に行くことがなかったので、診察開始よりもずっと前から待合に座る僕の姿を目にして、当時の担当医はいささか驚いていた。

その日の診察以来、僕は薬をもらうようになった。抗不安剤と睡眠導入剤、あとは抗うつ剤。それまで薬は必要ないと思って投薬を断り続けていたのだが、この時は進んで薬を処方してもらった。ほとんど薬をもらいに出かけたようなものだ。なんでもいいからとにかく薬に頼りたかった。

あの時の僕は本当に限界だった。何かがボキッと根元から折れる寸前のところまでいった。心理的な決壊は僕のすぐそばにあり、「あとひとつでも波をかぶればその時点で入院だな」とはっきりと認識できた。もちろん、「入院がいけない」などと言うつもりはさらさらない。それが最良の手段であるなら大いに入院すべきだと考える。しかし、もしあそこで入院する事態になっていたら、その後の僕の回復はずっと歩みの遅いものになっていただろう。それは僕にとってなるべく避けたい選択肢だった。

九月からの不調の下地として、夏場の疲れがあった。もともと僕は夏がいちばん好きで、秋が苦手なのだが、その年の夏は神奈川で新しく始めたひきこもり自助グループの立ち上げやら何やらで、ずっと走りまわっていた。とにかく忙しかった。夏の祝祭的な高揚感がそうさせたのかもしれない。それまでに比べて社会参加の機会が格段に増え、人との関わりが増し、その結果として数年ぶりに携帯電話と手帳を買った。携帯電話については就職活動の失敗以降ずっと嫌なイメージがあったのだが、日々の必然性に押されるかたちで三年ぶりに購入することとなった。

日々がここまで忙しくなるのは、ひきこもって以降まったく初めてのことだったが、手帳の空欄が次々に埋まっていくのがとにかく嬉しくて、その時期の僕は疲れも忘れて日々の活動に奔走した。自分の存在価値を確かめるかのように、次々と手帳に予定を書き込んでいった。そしていつになく「充実」した毎日を過ごしていたせいか、僕は日々蓄積する夏場の疲れに気づくことができなかった。「なんだか変だな」と思い始めたのは、七月に始めた神奈川の自助会がどうにか順調に動き出し、秋の涼風が街を覆いはじめた九月の上旬に入ってからのことだった。

やはり弱っていたのだと思う。当時参加していた東京の自助グループのインターネット掲示板に、誰かの誹謗中傷を伴う書き込みが続いた時、自分のことを書かれたわけでもないのに、ひどく気分が悪くなる自分がいた。吐きそうになったと言ってもいいくらいだ。そして続けざまに、始めたばかりの自助グループで内輪のトラブルがふたつ続いた。これが二つめと三つめの波。どちらも人間関係が原因。その内容についてここで詳しくは述べないけれど、人間関係のいざこざに慣れていなかった僕にとっては、どちらもかなりきつい体験だった。そのおかげで気力と体力を大幅に磨り減らしてしまった。今の僕なら軽く流せるような事柄でも、当時の僕にとっては決してそうではなかった。

本当に消耗していた。くたくただった。仲間とともに自助会を立ち上げるくらいに力が溜まっていたとはいえ、今と比べれば遥かにナイーヴだった。なんといっても、怖さのあまりアルバイトに踏み出すこともできない状態だったのだ。ナイーヴで当然である。そしてまさかそんな一連の消耗の次に、それまでのものをすべて足してさらに八倍したくらいショッキングな出来事が降りかかってくるなんてことは、夢想だにしなかった。それが二〇〇〇年十月十一日の出来事。今でもこの日の日付を覚えているのは、それが自分にとって特別な一日だったからかもしれないし、あるいは折に触れてその日のことを思い出すからかもしれない。どちらかというと後者のような気もする。

四つめの波が襲ってきた日の夜中の午前三時。場所は誰もいない自宅の居間。

僕はこのままだと自分が崩れてしまうことを認識した。音のない世界にいると渦が濃くなって自壊してしまいそうだったので、特に見たくもないビデオテープをデッキに詰め込んで気を紛らわした。いつだかのレアル・マドリードが出ていたサッカー・トヨタカップのビデオテープ。外部から何か映像や音の刺激を入れないと、身体の中でぐるぐる回る渦に押し潰されてしまいそうだった。もちろん眠ることなんてとうていできない。画面では白のロベルト・カルロスが太い左脚でボールを操り、加入したばかりのルイス・フィーゴが右サイドでドリブルを仕掛ける。黒地に白のユニフォームが必死でゴール前を固める。目の前で意味もなく動く映像を長い時間見つめていたら、少しだけ気分が落ち着いてきた。やはり外の刺激を入れたのが良かったみたいだ。そしてそのままの姿勢で眠ることなく朝を迎え、なるべく早い電車に乗って病院へ行った。このままでは確実に持たないことは自分でもわかっていたから。

眠りの日々

病院から帰宅。午後の自宅の居間。目の前にはまだ見慣れない薬の袋。

都合三十時間以上眠っていないというのに、その日の昼過ぎにいたるまで眠気を感じることがなかった。自分でも不思議に思った。まるで眠たさというものを感じないのだ。ひどく意識が冴えている。そのことを訝しく思いながらも白い袋から薬の束を取り出し、とりあえずは処方箋どおりに錠剤の群れを喉の奥に流し込んだ。少し遅い昼食のあと。特に眠たくもなかったけれど、あまりに眠りが足りていないと思い、特に深く考えずに布団にもぐりこんだ。いや、正確には「もぐりこんでみた」と言うべきか。そしてそこから、眠りの日々が始まった。

目が覚めた時、僕は空白の中にいた。今が何時なのかわからない。窓の外はほの暗い赤茶色に包まれていて、同じ日の夕方であるように思えた。太陽はもう沈んでしまったのかもしれない。無口な空白色の沈黙が続いたあと、ふと気がついて部屋の時計を眺めてみた。壁掛けのアナログ時計は六時過ぎを指している。夕方の六時だろうか？　だが夕方の六時にしては何か雰囲気が違うような気がした。うまく言えないけれど、夕方の六時というのは、もう少し騒がしさのあるものではないだろうか？

不安に思って枕元の携帯電話を手元に引き寄せる。時刻を確認する。すると、半ば予想されたことではあるけれども、携帯のデジタル式時計は午前六時を指していた。朝の六時だ。つまりあれから十五時間以上ものあいだ、僕はここで眠り続けていたことになる。これには自分でも驚いた。寝つく時にはまったく眠気を感じていなかったというのに、そこからこんなにも長い時間眠れるものだろうか？

だが、長時間の睡眠はこの一日だけでは終わらなかった。あくる日も、その次の日も、僕はただひたすらに眠り続けた。十六時間、十八時間、二一時間、十九時間、二四時間、二二時間……。そんな日々が二週間以上続いた。その眠りは深く、ずっと熟睡していた。おそらくは寝返りひとつ打たなかったはずだ。

毎日十五時間以上に渡って眠り続ける。目が覚めてベッドから這い出し、しばらくは家の中で漫然と過ごす。しるし程度に物を食べたり、猫と戯れたり、見るともなく独りでテレビを見たり……。そうやって過ごしていると、ものの三時間もしないうちに再び眠気がやってくる。しばらく前に起きたばかりなのに、それでもまた眠くなる。僕が起きていられるのはわずか数時間だ。そして眠気に押されてまたベッドの中へともぐりこみ、布団をかぶる。するとすぐさま眠りに落ちる。その時期の僕はいくらだっていくらだって眠ることができた。僕の眠りには際限がなく、泥のように死人《しびと》のように眠り続けた。時間が溶けてなくなるくらい眠り続けることができた。

不思議なことだけれど、その時期の僕には、眠りの世界こそが自分にとっての本当の世界であるように感じられていた。覚醒の世界のほうがいくぶん空気が薄く、色彩に欠け、いささか現実感がなかった。どことなくだが、起きているあいだは薄い靄《もや》のかかった世界を生きているような感覚があった。

自分の眠りが少しずつ浅くなりはじめたのは、眠りの日々が始まって三週間ぐらい経った頃だった。ある日突然、唐突に、自分が夢を見ていたことに気がついた。「あ、今日は夢を見たな」というように。

そしてそれ以来、少しずつではあるが、眠りの中で夢を見る機会が増えていった。そしてそこに至ってはじめて、僕は自分の眠りが徐々に浅いものになりつつあることに気がついた。知ってのとおり、夢というのは浅い眠り（レム睡眠）の時に見るものだからだ。そしてそれは裏を返せば、それまでの僕の眠りが、まったく夢を見ないほど深いものであったことを示唆していた。この数週間、僕はそれほどまでに深い眠りの中にいたわけだ。まったく夢を見ないなんてことが睡眠学的にあり得るのかどうか、僕にはわからない。学者は否定するかもしれない。でもそれは実際に起きたことなのだ。この僕の身に、ほかならぬリアルな体験として。

ここでひとつありがたかったのは、うちの家族が、ただひたすらに眠り続ける僕に対して、一度たりとも咎め立てをしなかったことだった。その二、三週間のあいだ、僕が長く寝ていることや部屋から出てこないことについて、家族から口にされたり非難めいた言葉がけをされたという記憶がまったくない。逆に、眠り過ぎることへの不安を訴える僕に対して母は、「眠れるっていうのは良いことだよ。『またこんなに眠ってしまった』じゃなくて、『たくさん眠れてよかった』と思わなくちゃいけないよ」ということを言ってくれた。これは僕にとっては本当にありがたいことだった。もしあそこでひと言でも非難めいた言葉を口にされていたら、あるいは母が口にしたような言葉をかけてもらわなかったら、あんなにじゅうぶんに、心ゆくまで休むことはできなかったはずである。この時の家族の対応には、今でも本当に感謝している。

ともあれそんなわけで、僕にはその二、三週間の記憶がない。ほとんど欠落している。まあそれはそうだろう。その間、僕はほとんど眠り続けていたのだから。そして気がついた時には月が替わり、暦はいつのまにか晩秋を告げる十一月になっていた。

眠りの日々が落ち着いてきた十一月に入って、できるところから自分の活動を再開した。

少しずつデイケアにも顔を出し、ファミレスでの二次会にも顔を出した。まわりの人たちにその時の僕がどう映っていたのかはわからない。だが、あれほどショックなことが起きたというのに、僕の心はなぜか穏やかだった。デイケアの友だちに「今日の岡本さんはなんか穏やかだね」と言われたのを今でも憶えている。あまりにも穏やか過ぎて、自分でも怪訝に思ったくらいだ。僕の心の水面にはさざ波ひとつ浮かんでおらず、辺りには波も風も見当たらなかった。自分でも不思議なほどしんとしていた。辺りの景色はどことなく白く靄《もや》がかっていて、これはどう表現していいのか自分でもよくわからないのだけれど、身のまわりの何もかもが白かった。白い世界だ。身につける服さえ好んで白を着ていたような気がする。しかし当時から何となく感じてはいたが、それはどこか不自然で、脆さを抱えた穏やかさだったと思う。そこには台風の目に入り込んだ時のような奇妙な静けさがあり、不吉な嵐の予感があった。ただ、今この時間はそのなりを潜めているだけだ。

あの時の「白」がいったい何を意味していたのかはわからない。きっと何かの意味はあるのだろう。その意味を知りたいような気もするし、一方ではあまり知りたくないような気もする。なるべく手を触れてはいけない心の深淵の景色を垣間見てしまいそうだから。

あれから十年の月日が経った今でも、折りにふれてあの秋のことを思い出す。自分が崩れそうになった夜のレアル・マドリードや、目が覚めた時に見た部屋の中の置き時計を。眠りの日々がおさまってからの奇妙な穏やかさや、不自然なまでに白く靄《もや》がかった景色を。そしてあの頃とてもよく聴いていたU２の「Beautiful Day」と、「The Wallflowers の「Sleepwalker」のメロディー。

僕のこれまでの人生で小説に書けそうなほど奇妙な出来事なんてまるでなかったけれど、あの眠りの日々だけは、僕にとって非常に奇妙で、本当に尋常ならざる、extraordinary な体験だったのだ。

（二〇一一年一月執筆）

第3章

家族や支えてくれる人たちへ

遠くに強くて近くに弱いもの
……当事者と話す時には、こういうところに気をつけて

ひと口に「ひきこもり」といっても、そのかたちは人によってさまざまなので、安易に一般化してよいものでもないのだけれど、でも、これだけはわりに共通して言えるような気がしている。「遠くに強くて近くに弱い」。そう、このタイトルが示すものは、「ひきこもり」の特性である。

「ひきこもっている子どもと話ができない」、または「何を話したらいいのかわからない」という相談を家族の方からされることがあるが、そういう時には、「ご本人からなるべく遠い話題を選んでみてはどうですか?」と答えている。

でも、「ご本人からなるべく遠い話題」とは何か?

たとえばこのあいだ終わったばかりのサッカーのワールドカップ。あるいはプロ野球。格闘技、政治、国際問題……。

テーマはなんでも構わないのだけれど、要は、「目を逸らしたい自分の不甲斐ない状況からなるべく遠い話題」ということである。安全かつ無難な話題と言ってもいいかもしれない。スポーツ以外では、時事ネタなども会話の話題として有効。ひきこもりの人には新聞を隅々まで読んでいたり、一日中ネットを見たり、図書館に入り浸って本を読んでいるという人が多いから。

自分から遠い話題には強いのがひきこもりの特徴だが、逆に自分に近いことには滅法弱い。「ご職業は？」と聞かれたら絶対に答えられないし、「これからどうするんだ？」と詰問されれば沈黙ないしは逃亡。ふだん子どもと会話もなく、焦りに駆られた親御さんはつい、「これからどうするつもりなんだ？」などと、よりによって本人にとっていちばん痛い質問を繰り出してしまうものだが（まあ、気持ちはわからなくはない）、それではよけいにひきこもらせるだけである。はっきり言って逆効果。

それ以外にも、昔のクラスメイトの話などを持ち出して、「○○ちゃんはどこそこの学校に入って就職して、最近結婚してかわいい奥さんがいて子どもが生まれて、名前は……」などと嬉々として喋りまくるのも×（バツ）。これも本人の劣等感を刺激して、よりいっそうひきこもらせるだけである。なので、あまりおすすめはしない。

前に、ニック・ホーンビィというイギリスの作家が書いた『ハイ・フィデリティ』という小説を読んでいたら、「成功した昔のクラスメイトの新聞の切り抜きを送ってくるのが良き親のすることなのか？」という独白があって、「おぉー」と思ったのだが、どうもこういうのは、日本に限らず、万国共通のことなのかもしれない。しかし、なんで親っていうのはそこのところをわかってくれないいんだろう？

さて、先ほど芸能人やスポーツの話題などもよいと書いたが、その際、ひとつだけ注意しなければならないことがある。それは、本人と同い年、もしくは年下の芸能人などに触れるのは、本人の気持ちを傷つける恐れがあるのであまり好ましくないということだ。話題にするなら、ご本人よりも年上の人を選ぶほうが安全だと思う。

「○○はまだ二十歳なのにすごいよなぁ」という言葉は、感想としては何ひとつおかしくないし、ごくごくまっとうな意見なのだけれど、社会に参加できずにいるご本人がこれを聞いた場合、周囲の言動にあまりに敏感であるがゆえに、「それに比べておまえは……」という負のメッセージを嗅ぎとってしまう恐れがある。

それでも、年齢を重ねてくれば、引きこもっている本人も、「この人たちは特別なんだ」という割り切りができるようになってくる。誰しもが中田英寿のようにセリエAで活躍できるわけではないし、松坂大輔のように一五五キロの剛速球を投げられるわけでもない、というように。

でも、この比較対象がより自分に近い普通の人（たとえば昔のクラスメイト）になってくると、そうもいかなくなってくる。あまり自分に近い人の話を持ち出さないほうがいいのは、こうした理由からだ。なかなか難しいかもしれないが、ご本人と話す時には、そのあたりを意識されるといいかもしれない。

ちなみにうちの場合は、父とのあいだにスキーやプロ野球という共通の話題があったので、かなりこれに救われた。共通の話題の力って、結構大きいと思います。

（二〇〇六年七月執筆）

〈後日附記〉

この「遠くに強くて近くに弱いもの」という表現は、僕にとっては当たり前すぎるくらいに当たり前のものなんだけど、講演会などでこの言葉を使うと、親御さんなどからいたく感嘆されます。それから、ひきこもりは「非常時に強くて平時に弱い」という言い方もできるかもしれません。まあそれって、僕のことでもあるんですけどね。

家族がつくる互助システム
……家族にできることは、たぶんもっといろいろある

ひきこもりの講演会などに呼ばれると、当然ながら、たくさんの親御さんに出会うわけだけれど、それに関して、以前から考えていることがある。「親どうしが力を合わせて何かできないものかな」と。

知ってのとおり、ひきこもるお子さんを抱えたご家族は大変な数にのぼっている。誰もその実数をはかることができないくらいに。そんなわけで、講演会などに呼ばれると、僕はいつも最後のほうで、次のようなことをご家族のみなさんに話している。

それは、「せっかく縁あってこうして講演会や親の会などの場で知り合ったのだから、知り合っ

たご家族どうしがお互いこれから何ができるかを考えて、具体的かつ一緒に行動してみてはどうですか？」ということ。

同じ悩みを持った者どうし、近況を話しあって楽になるのももちろん大事なことだけれど、「ではこれからどうするか？」を具体的かつ一緒に考えていくのもそれと同じくらい大切なのではないか、これからはもうそういうことを考えていってもいいのではないだろうか。

こんなことを言うと、その場に居合わせたご家族からは、「私たちは子どものことで疲れきってしまってとてもそんな気力や体力はない」という声が聞こえてきそうだ。「それよりどうしたら子どもが一刻も早く外に出られるようになるのか、何でもいいからその答えを教えてほしい」とか言われるかもしれない。

たしかに、ひきこもりのお子さんを抱えたご家族の中には、子どものことだけで疲労困憊して、疲れきってしまっている方が数多く見られるし、それはそれで無理もないだろうなと思う。講演会や家族会で少しは気が楽になれたとしても、家に帰ればまた変わることのない日常が待っている。本来心が休まるはずの場所である家こそが最も心の休まらない場所であるという現実。ひきこもりに特有のこの環境を考えれば、「とてもそんな……」という声が出てくるのは、ある意味仕方のないことだと僕も思う。

しかし、それだけでは事態はなかなか進展してはくれない。「答えを教えてほしい」という受け身の姿勢のままで何かがどうにかなるほど都合よくはできていないし、待っているだけで柿の実が口の中に落ちてきてくれるほど、世の中が甘くやさしく作られているわけではないというのも、一方のやるせない事実である。

そこで考えたいのは、「縁あってこういう場で知り合った家族どうしが、力を合わせていったい何ができるのか？」ということについてだ。

たとえばある親の会では、家族会で知り合った親どうしがヘルパーの資格を取って、お互いの家を訪問しあうという計画を立てていた。その会の方々と関わらせてもらったのは短い期間だったので、その後、その計画がどうなったのかを知ることはできなかったのだが、それって、とても斬新で良いアイデアだなと思った。自分の家のことを自分の家族だけでどうにかするのは難しいけれど、そこによその家族を招き入れるというのは「あり」かもしれない。

そこには、「せっかくこうして知り合ったのだから、お互いの持つ力をうまく有効に使ったらどうか」という斬新な、しかしある意味ではきわめてまっとうな発想があったように思う。少なくとも、「ただ待っているだけ」という受け身な態度はそこにはない。

似たような発想から、別の方法を考えてみる。

たとえばおうちが自営業の方なら、同じ家族会のメンバーのお子さんをアルバイトとして雇ってみるのはどうだろうか？　あるいはお互いに雇いあうかたちをつくるというのも「あり」かもしれない。お互い子どもの特徴がわかっているどうしならば、多少の仕事のできなさや仕事の遅さには目をつぶって、彼らが少しでも仕事に慣れる手助けや機会を作れる可能性がある。実際に僕が聞いた中でも、親の会で知り合った人どうしが、子どものアルバイトを世話し世話されというケースがあった。

「ひきこもりの子どもを抱えた家族に何ができるか？」

このことを考える上で忘れてほしくないのは、「一家族だけで孤立しないでほしい」ということだ。それよりは同じ悩みを持った仲間どうし、協力しながらことを進めてほしい。

ひきこもりの当事者もそうだけど、人がひとりだけでできることの総量なんてたかが知れている。僕もそれの当事者版をやって三年間ひきこもった。そしてその結果得られたものはといえば、「独りで考えていても何も変わらないんだ」という諦念ひとつだけだった（もちろん、その諦念があったからこそ「人とのつながりを大事にしよう」と思えたのはたしかだけど）。

すでにおわかりのとおり、僕は何か特別に目新しいことを言っているわけではない。困っている人どうし、ご近所どうし、互いに助け合って生きていこうよっていう、ただそれだけの話です。そんなの昔からありましたよね、地縁とか血縁とか。

たしかに現代は、昔に比べて地縁血縁およびご近所付合いは薄く少なくなった。でもそういう時代だからこそ、「同じ悩みを持った家族どうし」というご縁は、大きな力を持つような気がする。

（二〇〇七年九月執筆）

〈後日附記〉

こういうことを書くと嫌がられるかもしれないけれど、家族会や講演会に参加されるご家族に対してある種の苛立ちを覚えることがあります。ずっと参加はしているけれど変化がなくて、それでもただ参加しているという人たち。自分では何もしないけれど、何かを口の中に入れてもらえるのをただひたすら待っているような人たち。当時この文章を書いた背景にも、そうした人たちへの苛立ちの気持ちがありました。

行政や支援団体にすべてを委ねるのは無理があります。そして、ひきこもりに悩む家族にできることも、きっとたくさんあるはずです。

お茶をいれる
……承認と肯定のメッセージ

『娚《おとこ》の一生』というマンガをご存知だろうか？　なんだか任侠ものみたいなタイトルがついているが、西炯子《けいこ》という人が描いた、れっきとした少女マンガ（オトナ女子マンガ）である。映画化もされて、榮倉奈々と豊川悦司が出ていたので、そちらで印象に残っている人のほうが多いかもしれない。

この作品の主人公は、東京の大手電機会社に勤める堂園つぐみ（35歳）。長期休暇を九州にある祖母の家で過ごしていたが、ある日入院中の祖母が亡くなってしまう。つぐみは仕事を在宅勤務に切り替え、そのまま祖母の家で暮らすことにしたが、翌朝家にいたのは見知らぬ壮年の男性。彼はかつて祖母の教え子だった五二歳の大学教授で、祖母から離れの家の鍵をもらっていたと言う。彼と祖母との関係がよく分からないまま、つぐみとの奇妙な同居生活が始まる……というお話。はじめは赤の他人だった二人が、生活を共にしていく中で少しずつ馴染んでいき、徐々に相手のご飯やお茶をいれることが当たり前になる。そしてお互いの過去が知りたくなり、話し始め惹かれあっていく……という流れ。

この作品、よくよく読んでいると、お茶をいれるシーンが頻繁に出てくる。「お茶いれて」「出がらしですよ」「色ついてたらそれでええわ」みたいな会話もあるし、相手にお茶をいれるという、一見なにげない日常的な行為が、ふたりの関係をしっかりと近づけていくのがよくわかる。これくらい湯呑みと急須の描写が多い漫画もそうはないだろう。

僕はこの作品を読んでから、「相手にお茶をいれる」というのは、実はすごい行為なんだなと感じるようになった。ちょっと感覚的な理解なので、なかなかうまく言葉にできないのだけれど、あえてそれを言語化すれば、「『お茶をいれる』という行為を通しての相手の存在の承認と受容」というところになると思う。でもこれだとちょっと表現が硬いので、実際のケースで説明してみる。

以前僕が相談を受けていた方で、ひきこもり生活を送る息子さんに対して、「お茶入ってるよー」という声がけを実践されているお母さんがいた。僕はこの話を聞いて、「なんだかそれってすごいことだな」と感じた。なにげない日常的な声がけだが、そういうふうに声をかけられたら、言われたほうはすごく嬉しいんじゃないかという気がした。たぶん、同じように声をかけるにしても、「お茶飲む?」よりも、「お茶入ってるよー」のほうがすごいと思う。その「お茶が入ってる」という現在完了形的な言い回しの中には、「あなたがそこにいる（家族の一員として存在している）」ことが、疑いのない、当たり前な、自明の事実として認識されているというニュアンスが含まれている。「あなたがそこにいる」ということを当然のこととして承認・肯定しているメッセージだ。

もちろん、言った本人はそんなことを意識して言っているわけではないだろう。でも、その人がそこにいるということが、いまさら問うまでもない自明の前提になっているというのは、相手にとってはかなり大きな肯定のメッセージであるように僕には思える。こういう声がけをされたら、やっぱりどこか、ほっこりと心が暖まるんじゃないだろうか。ひきこもりの家庭では、こういう声がけってあまりしなくなってしまっているように感じるのだけど、実際はどうなのだろう?

ともあれ、こんなエピソードを聞かせてもらってから、「相談の時にもお茶が出せたらいいな」とふと思うようになった。相談室に入って、「まあまあ」みたいな感じでポットからお茶をいれて、「で、どうしたの?」みたいな感じで面談を始められたら、なんだかあったかい相談ができるんじゃないかという気がした。そういう相談って、なかなか素敵だと思いませんか?

（二〇一一年六月執筆）

〈後日附記〉

たまに依頼を受ける講演の席でも、お菓子を各テーブルの真ん中に置いて、お茶でも飲みながらのんびり聞いてほしいなあと思うことがあります。なんか、そのほうがその場の空気が柔らかくなるんですよね。今回は西炯子の作品を出しましたが、少女マンガ（オトナ女子マンガ）では、小畑友紀や芦原妃名子、有賀リエなんかが好きです。

おこづかい問題

……家族会ではよくこの質問を受けた

ひきこもっていた時に、一度だけ泣いたことがある。

場所は近所の公園。大学を出て少し経った頃のことだから、歳は二三か四の時だったと思う。

「いい歳をして働けないのはみっともない。親のすねをかじっているのも申し訳ない。正社員が無理なら、せめてアルバイトだけでもしなければ」

そういう気持ちはいつだって絶えることなくあったけれど、それがひどく強くなることが時々あって、その日の僕は、家の近くのコンビニに出かけてアルバイト情報誌を買った。その日買ったのは『デイリーａｎかながわ』。『タウンワーク』みたいな無料の求人誌はまだない時代で、『デイリーａｎ』が一冊一五〇円だった。『ＦｒｏｍＡ』が一冊二〇〇円。

当時、バイト情報誌の中で最もポピュラーだった『ＦｒｏｍＡ』ではなく『デイリーａｎ』にしたのは、こちらのほうが短期のアルバイトがたくさん載っているから。それまでにも僕は、何度かこの雑誌を使って短期の仕事をしたことがあった。引越し屋のチラシのポスティングだとか、交通量調査みたいな日雇いのアルバイトだ。短期のものを好んで選んだのは、期間が限られていて終わりが見えているから。「あと〇〇日やったら解放される」とあらかじめわかっていることで、どうにかバイトが続けられるところがあった。逆に短期ではない仕事の場合だと、あまりの先の長さに気が遠くなって、とてもじゃないけど仕事を始められなかった。

家族には見られたくないので、買った求人誌は家ではなく近くの公園で読んだ。たいして分厚い誌面ではない。一〇分もしないうちに最初から最後まで頁を読み通してしまった。自分にできそうなアルバイトが、なかった。

どの求人を見ても恐ろしく、自分にはとてもできそうな気がせず、電話をかけて応募していく勇気がまるで持てなかった。自分にはそのような場に入っていく資格がないように思えた。頼みの綱だった短期アルバイトも、めぼしいものが見つからない。

だがもう手持ちのお金はない。来週まで待てば今度は良いバイトが載っているかもしれないが、もう一冊バイト情報誌を買うこともできない。求人誌を買うための一五〇円がないのだ。そのことをあらかじめわかった上で、背に腹は代えられぬ思いで買った一冊だった。

穏やかな青空の広がる五月の昼間、公園のベンチの上で僕は泣いた。どうにかして働かなければとは思うのだけど、アルバイト情報誌を買うお金すらないのだ。もう自分はどこにも行けないのだと強く感じた。ただ絶望するしかなかった。それからどのようにして繰り返す日々を過ごしていたのか、正直なところ記憶がない。たぶん何もできないままに、いたずらに毎日を眺めていたのではないかと思う。都を遠く離れた配流先で、呆然と暮らす孤独な罪人みたいに。

話を戻そう。

ひきこもり時代につらかったことのひとつは、お金がなかったことだ。

アルバイトはしたくてもできない状態だったし、学生時代には「学生だから」ということでもらえていた月々のおこづかいも、卒業して学籍がなくなった時点でいつのまにか支給されなくなった。そのことについて、家族からは何の断りもなかった。もちろん僕はそれについて異議申し立てはしなかったし、そんなことはとてもできなかった。大学を出たら就職して稼がなければならないのだということは、たとえおぼろげな理解だったとはいえども、一般的な社会通念として承知していたから。

さて、アルバイトもできない状態で、かつ、おこづかいももらえない。

当然、当時の僕には収入がなかった。千円が大金に思えた。お金がないので欲しいものがあっても買えない。学生時代に洋楽に狂っていた僕は、レコード屋でＣＤを買うのが何よりの楽しみだったのだけど、輸入盤でさえ一五〇〇円もする音楽ＣＤを買うのは、この頃の僕にはかなり難しい話になっていた。

ＣＤや音楽においてさえそうなのだから、ほかの物については推して知るべしである。服も、本も、カバンも、靴も、何ひとつ買わなかった。「どうせ買えないのだから」と思って、最初から買うことをあきらめた。「あきらめざるをえなかった」といったほうが近いかもしれない。

それまでは、街中でウィンドウショッピングをするのが好きだったのだが、収入がなくなってからは、外出しても何も買わずに帰ってくることが増えた。それと同時に、渋谷や横浜などに出かける機会も少なくなった。街に出るたびに欲しいものが買えない現実を突きつけられるような気がして苦しくなってしまったのだ。

それからはもう、ほとんどどこにも出かけない生活である。外に出たところで楽しいことなんてひとつもない。横浜みたいな賑やかなところに出かけていくたびに、まわりの人たちに見下されているような気分を何度も味わうので、どこかに出かけることがひどく億劫になった。自分がまわりの人たちすべてから軽蔑されているように思えてならなかった。それを何度か繰り返すうちに、結果として自宅と自室だけが僕の居場所になった。

家族会に講師として参加する機会が多かった頃には、よくおこづかいについての質問を受けた。

そもそもおこづかいをあげるべきか否か。あげるとしたらいくらぐらいが相場なのか。あげる時には何と言って渡すのがよいのか、といったような内容。あまりにも頻繁に訊かれるので、この話は親御さんたちにとって本当に切実なテーマなのだと痛感した。そして、そのような質問をされるたび、僕はだいたい次のように答えていた。

まず、おこづかいはあげてください。「お金がなければ働き出すだろう」と考えての兵糧攻めは逆効果です。そう考えたくなるのは無理もないとは思いますが、そのやり方はかえってひきこもりを強化させるだけです。少なくとも僕はそう考えています。理由はさっきお話ししたとおりです。僕自身、学籍を失ってお金がなくなったことで、以前に比べて外に出なくなってしまったから。なにしろ交通費がないんですよね。これは結構痛いです。

あげる金額は、まあ月に五〇〇〇円から三万円というところじゃないでしょうか。それぞれのご家庭によって経済状況は違いますから、「これが正解」という数字はありません。各家庭の経済状況に合わせて決めればそれでよいと思います。

お金のあげ方ですが、家族から本人に直接手渡すのでもいいし、決まった財布などに入れてそっと置いておくのでもよいと思います。それが難しければ、本人名義の口座に毎月振り込んでおくのもありでしょう。銀行口座を使うとか管理するというのも、ひきこもっているとつい縁遠くなってしまうことのひとつですし、お金をおろす目的で外出機会をつくるのは、それはそれで意味のあることだと思います（これができなくなってしまっている人は多い。これができないと社会に参加してから困ると思うんだけど）。まあ直接渡せるならそれに越したことはないですけどね。そのほうが手間もかからないですし。

「おこづかいをあげるとそれに安住して外に出なくなるのではないか、働かなくなるのではないか？」と心配される親御さん、多いですよね？　でも、みなさんが危惧しているほどそうはならないです。なぜかというと、ひきこもっている人というのはたいていの場合、「このままじゃいけない、親に申し訳ない。何とかして働かなくちゃ、稼がなくちゃ」と思っているから。親のすねをかじっていることに後ろめたさや罪悪感を持ってない人って、まずいないです。顔に出してないだけ。特に親の前ではそうですね。何にも感じてないようなふりをしちゃう。ひきこもりの生活に楽な側面があることを否定はしませんが、そこに心から安住して何も考えなくなるというのはちょっと考えにくいです。なので、お金はあげてください。齋藤環さんも言ってますが、おこづかいは薬です。

では、おこづかいをあげようとしても本人が受け取ろうとしない場合はどうしたらいいのか？　それでもあげてください。とにかく渡す。以前働いていて貯金があるとか、よほど強固に拒否するとかの場合は話が別ですが、お金があって困ることは基本的にありません。使い道がなければ、今は使わずに貯めておけばよいだけのことです。「おこづかい」という言葉に抵抗がありそうだったら、「活動費」とでも言い換えておいてください。おこづかいには実際にそういう側面もあるわけですし。

お金を渡そうとしてあれこれとごね出したら、「いつかまとめて使うことがあるかもしれないから、それまで貯めておきなさい」とても言っておけばいいんです。いざという時に先立つものがなくて行動や選択肢が制限されてしまうことのほうがよっぽど怖い。せっかく行動を起こしたくなったのに、お金がないことでみすみすチャンスを逃してしまうのはつまらないですよね。バイトの面接に行くにも、求人誌を買うにも、あるいは病院や居場所に通うのにもお金は要るわけですから。

ただし、「このお金で求人誌を買いなさい」なんてことは口が裂けても言っちゃダメですよ。そんなこと言ったら絶対受け取らないですし、次の日から口をきいてくれなくなります。

その時々によってどこをどれくらい話すかはまちまちだったが、おこづかいについて質問されて僕が答えていたのは、概ねこんなところだった。これは今でもだいたい同じ。

おこづかいについての考え方は人によってさまざまだろうけれど、僕は断然「あげたほうがいい」派である。理由はさっきから繰り返し述べているとおり。兵糧攻めはひきこもりを強化させるから。

もちろん、兵糧攻めでうまくいく人もいるだろう。でも、それでうまくいくのは元気のある人だけだ。お金や貯金がなくなったことで、「このままではまずい。そろそろ働かなくちゃ」と思って実際に行動に移せる人。そういう人は比較的心配ない。そこで実際の行動に移せるくらいの健康さを持ち合わせているのだから。でも、ひきこもっている人というのはそうではない。そこでバイトができるぐらいなら苦労はない。それができない人が、今、現役でひきこもっているのだから。

ひきこもっている人に兵糧攻めを仕掛けるというのは、足の悪い人から杖を奪い取るようなものだと僕は考える。あるいは車椅子の人に「自分の足で歩かないのは甘えだ」と言って、車椅子を取り上げる行為に近い。足の不自由な人から杖や車椅子を取り上げたらいったいどうなるか？家から出られなくなるだけである。ますます家にひきこもる。「自分の足で歩かないのは甘えである」という指摘が仮に的を射た正論であったとして、そう指摘することにいったいどれほどの意味があるのだろう？

当たり前のことだけれど、今、自分の目の前にいる人がどういう状態にあるのかをきちんと見極めなければ、対処の仕方を誤ることになる。あなたの子どもは杖や車椅子がないと歩けない人ですか？　それとも、杖などなくても自力で歩ける状態の人ですか？

このおこづかいの話もだいぶ長くなってきたので、最後に欲望の話を。

ひきこもっている当人がおこづかいをもらうことに引け目を感じることについては、僕は特に心配はしていない。成人した人が家族からお金をもらうことに抵抗を覚えるのは、ある意味健全な反応だから。しかし恐ろしいのは、社会との関わりが薄い生活を送っているうちに、欲望が低下してしまうことである。

この文章の前半で、「どうせ買えないのだからと思って、最初から買うことをあきらめた」と書いたが、この状態が続くと本当に欲望がなくなってしまう。あきらめと申し訳なさから、みずからの欲望を否定し、抑え込み、あっても見ないふりをし、なおかつ外からの刺激も少ない世界で生活しているうちに、物欲や対人接触の欲求が本当に薄くなってしまうことがある。実際の相談場面でも似たようなケースは何度か耳にした。こうなってしまうと、そこから社会参加や就労へと動機づけるのはちょっと（かなり）難しくなる。

仮に働けていなくても、社会に参加していればいろいろな刺激を受ける。たとえば、友だちに彼氏彼女ができたのを見て、「ああ、羨ましいな。できれば自分も……」と感じることだってあるだろう。居場所で知り合った人に教えてもらったAKB48をなにげなく聴いてみたら、むしろ自分のほうがハマってしまってライブに行きたくなってバイトを始めたなんてことも、可能性としてはじゅうぶん起こりうる。

そう、欲望というのは基本的に他者からもらうものなのです。食欲や睡眠欲など、個体の生存にかかわるものは放っておいても勝手に湧いてくるけれど、物欲などといったそれ以外の欲望というのは、他者との関わりによって触発される部分が大きい。その他者とのつながりを作るための燃料やガソリンにあたるものがおこづかいであり、活動費である。大切なのは、まずお金を使うこと。働くのは、そのあとで。

（二〇一二年一一月執筆）

第4章

ひきこもりから働くということ

掟の門／根拠なき自信

……僕らには見えてしまった。自分と社会とを隔てる壁が

僕がふだん仕事をしている職場の下にはセブンイレブンの店舗があって、お昼ごはんを買いに行くのによく利用している。コンビニ弁当ばかり食べるのはほんとはあまり身体に良くないような気がするのだが、圧倒的に近いという便利さに負けて、ついついお弁当を買い続けてしまう。おやつやコーヒー、残業メシを買うこともある。「うちのスタッフの身体の半分は、セブンイレブンでできています」とか、マジで言えそうだから怖い。

お昼時になって、うろうろとセブンイレブンの店内を物色し、レジに並んでお会計を済ませるのだが、ここでバイトの男の子たちを見ていて、昔から思うことがあった。

「どうして彼らは普通にアルバイトができるのだろう？／どうして普通に働けるのだろう？」

これはおかしな問いかけかもしれない。「普通に働けてなきゃ困るだろうに」と思われるかもしれない。でも僕はつい、そう考えてしまう。僕がふだん仕事の中で接している若者たちが働けない人たちであるせいか、ごく普通に働ける人たちが不思議な存在であるように思えてしまうのだ。これはもう、一種の職業病みたいなものかもしれない。

かつての僕もそうだったけれど、うちの施設に相談に来る人たちは、なかなか仕事に就けない。正社員希望だから仕事にありつけないのではなくて、アルバイトであってもなかなか踏み出せな

い。

もちろん、仕事がないから職に就けないという面もあるにはあるのだが、むしろ多いのは、働きはじめるにあたっての不安が多すぎて動けないというタイプである。

つまりは、働くことが漠然と怖いとか、自分にできるのかどうか不安があるだとか、仕事といっても何を選んだらいいのか皆目わからないとか、求人誌を開いただけで気分が悪くなって吐き気を催すだとか、応募の電話をするのに果てしなく緊張して死にそうになるとか、職歴の空白を突っ込まれたらどうしようとか、面接が怖いとか、コミュニケーションが苦手で接客なんてとてもできそうもないとか、毎日決まった時間に起きて遅れずに通えるだろうかだとか、もしバイト先にいるのが自分より年下の人ばかりだったらはたして馴染めるだろうかとか、こんな年齢でバイトなんて恥ずかしいとか、そういう諸々の不安があって身動きが取れないという人が多い。まじめであるがゆえに不安が多すぎて、働くまでの一歩が踏み出せないのだ。

いや、「たかがアルバイトごとき」に対してそこまでの不安と恐れを感じるのは、世間ではそれほど一般的とはいえないのかもしれない。だが、僕自身がまるっきりそうだったせいか、あるいはそういう人たちに会い過ぎて僕の感覚がマヒしているのか、その手の不安は僕にとってきわめて親近感のある、ごく日常的なものになっている（ちなみに、右に挙げた不安はすべて僕の実体験に基づくものだ）。

そんなわけで、ごくごく普通に、当たり前のように、セブンイレブンのレジに立って接客をしている彼ら二十代あるいは十代の若者たちを見ていると、「なんでうちに来ている人たちと彼らはこんなにも違うのだろう?」、「なんで働けちゃうんだろう?」、「いったい何が彼らをこんなにも大きく隔てているのだろう?」などと、僕は思考の壁に穴があくほど考え込み、思い悩んでしまうことになる。いやいや、純粋な話、まったくもって不思議なのだ。いったい何がそんなにも違うというのだろう? なぜ彼らはそこに恐れを感じずにいられるのだろう?

もったいぶらずにここで僕なりの答えを先取りしてしまえば、セブンイレブンやその他のバイト先で普通に働けている彼らには、「根拠のない自信」があるのだと僕は考えている。働けて当然なのだという自信。

彼らは、社会の中で自分が働けるということを、ごくごく自明の、いまさら問うまでもない、当たり前なこととして認識している。いや、たぶん、彼らはそのことを意識すらしていないだろう。そんなことをわざわざ意識しなくても、気がついた時には社会に入っているのだから。

しかし、不幸にして鋭敏な感性を持ってしまった人たちはそうではない。彼らは、仕事と自分とのあいだに何か大きな隔たりがあることを感じている。そう、まるでフランツ・カフカの『掟の門』のように、そこには堅固な門があり、その横には屈強な門番が立っているのだ。だが、ほかの人たちにはそれが見えない。これまで生きてきた過程である種の感覚が鈍磨されているものだから、特にその門の存在を意識しなくても済んでしまう。ゆえに、社会の中へ進んでいくことに何の躊躇も感じない。

しかし残念ながら、僕らにはその門が見えてしまった。自分と社会とを隔てる屈強な門、あるいは壁が。その壁について彼らと話がしたいと思っても、話が通じることはない。なぜなら、彼らはそこにある壁の存在を知らないのだから。見えないのだから。見えないものについて話を向けても、彼らはただ無言で首を傾げるだけだろう。

話は少し飛ぶが、ひきこもる兄を題材にして二〇〇一年に公開された、映画『ｈｏｍｅ』の小林博和さん（ひきこもり経験者）と会って話をしたことがある。その日、僕らふたりは「鈍感であることはある種の才能だ」ということでひどく話が合った。

小林さんと僕とでは、同じひきこもり経験者でもちょっとタイプが違うなと感じていたが、しかしそれでも、社会に出ることへの漠とした不安、あるいは言いようのない恐怖感について、驚くくらいに話が合ったことは、僕にとってかなり衝撃的で印象深い出来事だった。

簡潔に言えば、「鈍感であることはある種の才能」ということを、お互いあれくらい十全に理解し、共有できた人は、僕のこれまでの人生の中において彼のほかにはいない。たとえタイプは違っても、「同じひきこもり経験者であるということで、こんなにもこの感覚を理解し、共有できるものなのか」というのが僕の偽らざる心境であり、驚きでもあった。ひきこもった経験のない人を突き離したり疎外するつもりはさらさらないのだけれど、僕らが感じた、社会へ入っていくことに対するこの固有の恐怖感については、同じひきこもりを経験した人でなければこれを真に理解・共有することは困難であると思う。こういう言い方をしてしまって申し訳ないとは思うのだけれども。

さて、翻って、今の自分はどうだろう？　今の僕に掟の門は見えるだろうか？　なんとなくだが、今の自分にはもうあの門は見えないんじゃないかという気がしている。なんといっても、僕はすでに仕事という社会の中に——つまりは門の内側にいるのだから。それも七年も。掟の門など、すでに見えなくなっていて当然ではないかという気がするのだ。僕はもはや、あの頃の自分からは遠く隔たってしまったのかもしれない。家に帰って大人になったかつての子どもたちが、ネバーランドやピーターパンのことをすっかり忘れてしまうのと同じように。

でも、それはきっと幸せなことなのだろうな、と僕は考える。なんだか自分が初心を忘れて、すっかり味気ない人間になり下がってしまったような、どことなく淋しい気持ちはどこかに残るのだけれど。

（二〇一二年六月執筆）

〈後日附記〉

「五体満足なのにどうして働かないんだろう？」という疑問は当然あると思いますが、五体満足なのに働けないということは、五体以外のところに何か課題があるということです。目に見えないからわかりにくいというだけで。『掟の門』を例に出しての解釈は、柳田邦男さんの『犠牲《サクリファイス》』から。

柳田さんの書かれた文章を読んで、ものすごく得心した覚えがあります。僕が二四歳の時でした。

ひきこもり時給2000円
……社会に出て働くことはひきこもっているより遥かに楽だ

僕が再び働けるようになったのは、三十歳の誕生日を半年と二か月ほど過ぎた、二〇〇五年の四月のことだった。

その時は週三日のアルバイト。火・木・土曜の、一日五時間の仕事だった。いきなり週五日はさすがに大変だったと思うので、週三日からというスタートは、わりに適当なものだったのではないかと今でも思う。その仕事に就けたきっかけは、人からの紹介だった。

今でも覚えていること。

その仕事の面接は午後の二時からだった。面接は午後からだし、これなら問題なく間に合うだろう。でも念のため早めに起きて、余裕をもって出かけようと思い、夜の布団に入った。

だが目が覚めて時計を見たら、時計の針は夕方の五時を指していた。一瞬、僕の心臓は止まりかけた。どうしよう、もう間に合わない。ああ、どうにかして謝らなくちゃ。でもいったいなんて言えばいいんだろう。ああ、もうほんとにどうしよう、急がなきゃ……というところで目が覚めた。パニック状態のまま枕元の時計をのぞきこんだら、時計の針は朝の八時を指していた。僕は面接に遅れる夢を見たのだ。あの時はほんとに死ぬかと思った。たぶん相当に緊張していたのだろう。面接の時間までにはまだ余裕があるから、少しのあいだ二度寝することだってできたのだけど、さすがに恐ろしくてもう眠る気にはなれなかった。その日はずいぶん早めに（不必要なくらいに早く）家を出たことを覚えている。

面接に受かり、じつに八年ぶりくらいになる仕事の初日は、やはりかなり緊張した。はたして自分にここの仕事がこなせるのだろうかという不安が強かった。たぶんその前日はあまり眠れなかったんじゃないかと思う。

だが、結果からいうと拍子抜けだった。思いのほか仕事が楽だったのである。ちっとも大変じゃなかった。たまたまお客さんの来ない暇な仕事場だったということもあるけれど、思っていたのと違って、あまりにも楽すぎたので逆に戸惑ってしまった。「あれ、こんなんでお金もらっちゃっていいの？」というように。

最初はそれも一時的なものかと慎重に考えていたのだけれど、二日目になっても三日目になっても仕事の大変さは変わらなかったので、ここの仕事はこういうものなんだなと理解できた。それでたしか時給が一〇〇〇円ちょっと。ほとんど何もしないで一日五〇〇〇円以上ももらってしまうことがひどく不思議に思えた。

そしてこの時、僕はこのように考えた。「これで一時間に一〇〇〇円もらえちゃうんだったら、ひきこもっていた時のあのつらさはいったい何だったんだ？」と。

「もし給料というものを苦痛の対価だとするなら、あの頃のつらさは一時間に四、五〇〇〇円分ぐらいにはなるのではないか？　まあそれはもらい過ぎにしても、その半分の時給二〇〇〇円くらいはもらわないと割に合わないだろう」

こう考えた時のことは今でも強く印象に残っている。そう思った瞬間のまわりの風景もありありと思い出すことができる。

そんなことがあったので、あれ以降僕は、「ひきこもり時給二〇〇〇円説」というのを勝手に唱えるようになった。ひきこもりに関する講演会とか、そのたぐいの中でも、ここに書いた話はほぼ毎回のように話している。

前に神奈川の県立高校の教職員向けに話をした時は、この話のところがいちばん反応が良かった。教職員の皆さん方から、「ああ、ひきこもりというのはそういうものなんだな」という心の声が聞こえてくるような感覚があった。「ひきこもり時給二〇〇〇円」という言い方をすることで、働けずにひきこもった生活を送ることの苦しさが、ある程度理解しやすくなるのかもしれない。

もちろん僕は、今現在ひきこもっている当事者たちに一時間につき二〇〇〇円を与えろということを言いたいわけではない。そんなことをしたらいくらお金があっても足りないし、彼らだってそんなことは望んでいないだろう。そうではなくて、僕が親御さんや周囲の人たちに知ってほしいのは、ひきこもりというのはそれぐらい大変できついものなんだということである。彼らはそれだけ苦しい思いを毎日のようにしている。言っとくけど、あれは決して楽なものじゃない。怠けているように見えるかもしれないが、その実はどんな過酷な労働にも比肩し得るほどきつく苦しいものである。それを周囲の人たち、あるいは今現役でひきこもっている人たちに理解してもらいたいがための「時給二〇〇〇円説」である。

働けなかった頃の僕は、社会に出て働くということが怖くて怖くて仕方がなかった。今の僕は、部屋にひきこもっていた時のほうが働いている今よりずっと苦しかったと断言できるのだが、当時の僕は、社会に出て働くというのは、今のひきこもった生活よりもずっとつらくて苦しいことなのだと考えていた。だから、「社会に出なければ／働かなければ」と思いつつも、どうしてもそこに踏み出すことができなかった。あまりにも恐ろしかったのだ。

なんだか痛々しいな、と今では思う。そして、社会に出ることがそれだけつらいことだと思っていたのであれば、実際に働いてみて拍子抜けしたというのもまあ当然だろうな、という気がする。

（二〇一二年八月執筆）

休日の憂鬱
……仕事が抜け落ちるとひきこもりの風景だけが残される

ワタクシ岡本、休日の過ごし方が下手で困っています。

なにしろ休みを有意義に過ごすことができないのです。休みの日はだいたい昼前に起きて、そのままパソコンを立ち上げてネットを見たりしながらだらだら過ごすというのがいつもの定番。朝の八時前に起きて行動を始めるなんてことは今まで一度だってできたためしがない。「せっかくの休みなんだからどこか行かないとなあ」などということも思うのだけれど、特にどこか行く当てがあるわけではないし、何となくだるいし、一緒に行く人もいないし……ということで無目的にぐずぐずしていると、気がついたら時計は午後の二時半ぐらいを指している。ああ、いつのまにかこんな時間。

そこでさっと具体的な行動を起こせばいいのだが、そういう時に限って中途半端にお腹がすいて料理を始めたり、部屋の散らかり具合が気になってうっかり部屋の掃除に着手してしまい、気がついたらなぜか昔のマンガを読み返していつの間にか夕方の五時くらいになっていたりする。窓の外はさっきまでよりいくぶん空の赤みが増してきて夕暮れの気配を漂わせている。

そしてこの辺りから僕の自己嫌悪の時間が始まる。「今日もまたせっかくの休日を無為に過ごしてしまった。自分は何てダメな奴なんだろう……」と。だいたいこれがいつもの休日のパターンだ。

　こうした自己嫌悪の気持ちは、休みが長期のものになればなるほど大きくなる。たまの連休や夏休みとかがあっても、時間を上手に使えないのだ。きっと活動的な人ならば、二、三日休みがあればどこか旅行にでかけたりするのだろうが、僕の場合、休みが何日あっても過ごし方は基本的に同じである。

　長い休みに入った途端、待ってましたとばかりに生活リズムが夜型に戻る。朝の六時に寝て夕方の四時に起きるような生活。こういう日々が繰り返される。「こんな生活をしてたらダメだ。早くもっとまともな生活に復帰しなければ」と思うことは思うのだが、一度本線を外れた列車を元の線路に戻すのはことのほか難しく、結局、休みの終わりまで同じ反復を繰り返してしまう。僕はそのもやっとした沼地から抜け出すことができない。

　ようやくにしてこの反復が打ち破られるのは、決まって休みが終わる最後の日になってからだ。「ああ、明日から仕事だ」と思うと、「面倒くさいな、行きたくないな……」と思いつつも、どうにか平常のリズムに復することができる。逆に言えば、仕事の日々が舞い戻って来なければ、乱れたリズムを元に戻すのは僕にとってかなり難しい作業になる。たぶん僕の場合、仕事というものがあるからつじつまが取れているだけで、もし僕に仕事という縛りがなければ、きっとそのまま昼夜が逆転した生活を続けてしまうことだろう。あるいは仕事でなくても、「外に出なければならないような用事や約束」と言い換えてもいいのかもしれない。それがあるからこそ僕はひきこもらずにいられるわけだ。

そしてそのように考えていくと、仕事を持てずにいる人に「まず生活リズムを立て直せ」と求めるのはかなり無理のある注文ではないかという気がする。ひきこもる人に必要なのは「あるべき正しい生活リズム」などではなく、「外に出なければならないやむを得ない用事」ではないのか。そして僕の場合、今はたまたまそれが「仕事」であるわけなのだが。あれ、僕にとって「仕事」っていったい何なんだろう?

まあいい。話を少し戻そう。休みを有意義に過ごせないという話だ。

長い休みが終わり、やるせない自己嫌悪と消化不良の気持ちを抱いたまま仕事に復帰する。ほかの多くの人もきっとそうだろうが、長い休みのあとというのは仕事に行くのが本当に億劫になる。正直言って行きたくない。「別に自分一人いなくたって特に支障なんてないだろうに」ということさえ考える。最初の一日、二日は勘が戻らなくてものすごくだるい。「いったい何のために自分は働くのだろう……」と半ば哲学的な黙考に耽ったりもする。

でも幾日が経って身体が仕事のリズムにだんだん馴染んでくると、そういう哲学的な命題はいつのまにかどこかの暗い物陰に姿をくらましてしまう。単純にそんなこと考えていられないほど気持ちが忙しいからかもしれない。日々の業務に追われているからかもしれない。よくわからない。

そしてふと気がつくと僕は、「仕事をしている時のほうが休みの日々よりずっと充実しているなあ」と感じている自分を発見する。そう、どう考えても休みの日々より仕事をしている時のほうが充実感があるのだ。「ひょっとして自分は仕事が好きなんじゃなかろうか?」ということを考えたりもする。もうそれくらい日々の充実感に差があるわけだ。これはいったいどうしたことなのだろう?

ともあれ、今でこそ僕はこうして働くようにはなったけれど、もし自分の生活から仕事というものを抜き取られたら、あとに残される景色はひきこもっていた時とさほど変わらないんじゃないかということは、とても強く感じる。これだけ時間をかけても、結局のところひきこもりからそんなに遠くには行けなかったんだという否定的な思いもあるし、一方では、その両者を隔てる壁はごくごく薄いものに過ぎないんじゃないかという気持ちもどこかにある。どっちが正解なのかはわからない。たぶんどっちも正解なのだろう。

このまえ、仕事で知り合った人となにげなくひきこもりについての話をしていた。彼女にはひきこもった経験もないし、ひきこもりについて特に詳しいわけでもまったくない。でもそんな彼女が、「私たちはこうして、なんか職業らしきものに就いちゃってるけれど、でもひきこもりの人と何か違うかっていうと、実はそんなに違いはないのかなって思うんですよね」みたいなことをふと口にしていた。あまりにも自然にそんな言葉が流れてきたせいか、それを聞いて僕はひどく嬉しい気持ちになってしまった。たしかに彼女の言うとおりかもしれない。そこにたいした差なんてないのかもしれない。特に根拠はないのだけれど、最近はそんなふうに考えている。

（二〇一〇年秋執筆）

初めての給料で買ったもの

……最初の社会参加は、就労ではなく消費です

二〇〇五年、僕が三十歳で仕事を始めて最初の給料で買ったものは「ｉ・Ｐｏｄ」だった。今はもうなくなってしまった「ｉ・Ｐｏｄ ｍｉｎｉ」という機種で、今の「ｉ・Ｐｏｄ ｎａｎｏ」よりも重く、ずっと大きなかたちをしていた。値段はたしか三万円くらいだったと記憶している。「ｉ・Ｐｏｄ」が市場に登場するだいぶ以前から、「こういうものがあったら欲しいな」と思っていたのだが、病院のデイケアで知り合った友だちが持っていたのを見て羨ましくなって、「いつか自分も同じものを買おう」と思ってずっと温めていた。その時買った「ｉ・Ｐｏｄ」は、「仕事を始めて最初に買ったもの」ということで結構愛着があって、ずいぶん長いあいだ大切に使った。たぶん、今でも捨てずにどこかに取ってあると思う。

だが、実を言うと、最初の給料では「ｉ・Ｐｏｄ」ではなく、鏡を買おうと思っていた。顔だけ映るような小さなものではなくて、全身が映る大きな姿見だ。気に入るものがなかなか見つからなくて、結果的に「ｉ・Ｐｏｄ」を先に買うことになったのだが、「仕事を始めて最初に買うのは鏡」ということは結構はじめのほうから心に決めていた。どうしてかはわからないけれど、「最

初に買うのは全身が映る鏡であるべきだ」と信じていたのだ。

そして気に入って納得できるものが見つかるまで飽きずに探しまわり、都内にある東急ハンズで、高さ一七五センチ、幅六〇センチほどのものを買った。結構大きい。金額は四万円ぐらいしたと思う。当時の給料がひと月七万三〇〇〇円程度だったから、安い買い物とは決して言えないし、「鏡というのはずいぶん高いものなんだな」とびっくりした記憶がある。しかし後悔の気持ちはひとかけらもなかった。

この時買った鏡は今でも僕の部屋に置いてあり、毎日使っている。今にして思えば、いささかサイズが大きすぎて若干持て余しているところはあるし、「無印良品の一万円の鏡のほうが使いやすかったな……」と思ってもいるのだけど、でもそれだけの対価と意気込みを持って買ったという記憶と事実は、今でも強く僕の心の中に残っている。よっぽど強く心に決めていたのだろう。

その年の五月に鏡と「i‐Pod」を買って以降も、給与が振り込まれるたびに毎月大きな買い物を続けた。六月にはトゥルー・レリジョンとトルネード・マートのジーンズを一本ずつ買い(併せて四万五〇〇〇円程度)、七月以降も「月に一本」と決めて、一本三万円前後のインポート・ジーンズを毎月買い足していった。トゥルー・レリジョン、ディーゼル、セブン・フォー・オールマンカインド、チップ&ペッパー……。それが働き続ける自分へのご褒美だった。特にはじめから「自分へのご褒美をあげよう」を決めていたわけではなかったのだけれど、気がついたらいつのまにか、そのようにして買い物をするのが恒例になっていた。

もちろん、月々七万いくらの中からやりくりしているので、「ご褒美」以外の出費は質素なものだっだが、一万円単位の買い物をできるという事実そのものが単純に嬉しかったし、次の給料日が楽しみで仕方がなかった。「来月はいったい何を買おうか？」と考えては欲しいものを次々にリストアップしていった。欲しいものがあるから仕事を続ける／続けられる——そんな感じだ。

仕事を始める前と後でいちばん変わったのは、誰にも気兼ねせずにお金が使える自由さや解放感だった。それまでもお金は一応あったけれど、あくまで親からもらっていたものだったので、どこかで何かに委縮しながら使っているところがあった。でもこれからはそんな気兼ねをする必要はどこにもない。自分の好きに使える。何に使おうと一〇〇％僕の勝手だ。これは僕にとって本当に素敵なことだった。

自分では特に深い考えなしにやったことだったけれど、この「一ヶ月に一本」のペースでジーンズを買ったのは、我ながら悪くないやり方だったと思う。おかげで毎月楽しみができた。「一ヶ月に一本」のペースは永続的に続くものではないとどこかでわかっていたし、案の定、半年もすると、欲しかった物もあらかた買い尽くしてしまい、冬が訪れる頃には、一時はかなり長かった僕の「欲しいものリスト」もずいぶん短いものになっていた。たぶん僕にとって、リストが短くなるまでしっかりと買い続けることが大切だったのだ。中途半端なことはしてはいけないということである。

三十歳で週三日の仕事を始めて、これから初めての給料が自分の口座に振り込まれるという時、自分の中でひとつの決めごとをした。「自分がもらった給料は一円たりとも家に入れない。全部自分のために使う」。これが僕が決めたルールだった。

当時の担当医にこういうつもりでいるという話をしたら、思いのほか強く同意をしてくれたので、自分でも安心して実行に移すことができた。このルールについては、僕は当時からかなり強い確信を持っていた。「なぜ?」と訊かれても困るけれど、こうすることが(少なくとも自分にとっては)絶対に正しい、絶対にこうすべきなんだという強い直感があった。理屈とか思考以前のところでの理解である。だからうまく説明ができない。

この「給料は一円も家に入れない」という決めごとをしたという話を、仕事に悩む若い人にすることがたまにある。そしてこの話をすると、たいてい驚かれる。ついこのあいだも驚かれた。非難の目つきとまでは言わないけれど、「どうして家に生活費を入れないんだ?」という訝しげな表情を彼らから向けられる——あるいは向けられているような気がしてしまう。そしてその度に僕は一瞬だじろぎつつも、「ああ、みんなまじめだなあ。そう考えてたら結構苦しいだろうになあ」ということを考える。

もちろん僕とて、「お金を稼いだらどれだけかの生活費を家に入れる」という社会通念について理解はしていた。もういい歳の大人なんだし、家族と同居しているのならそうするべきなのだろうとも思っていた。しかし僕はあえて、そういった社会通念や規範意識の一切をことごとく無視し、頭の中から排除することに努めた。それは僕の内なる直感が「生活費を入れることはするべきではない」と告げていたからでもあるし、家に生活費を入れることで、それよりももっと大切な何かを譲り渡してしまうのではないかという漠とした不安があったからでもある。それよりも、稼いだものを全部自分のために使うことで得られる何かのほうを大切にしたかった。自立がどうとか、だいぶ先のことを論じる前に、そうしておく必要があると感じられたのだ。自立について考えるのはもっとあとになってからでいい。

もちろん、実際にそうできたのは、僕の家にそれを許容するだけの経済的余裕があったからである。そういう意味では僕はラッキーだった。だが、初めから「自立ありき」で仕事を考えるのはとても苦しい。特に、満足に社会参加もできない段階にある人が、「稼いで自立しなきゃ……」という思いに囚われている姿は実に痛々しい。

そうではなくて、まず二四〇〇円の『少年ジャンプ』を買えるところから、欲しいゲームソフトを買えるところからでいいのではないかと思う。高校生が携帯代や遊ぶお金欲しさにアルバイトを始めるのと同じように。まずはそこからのスタートだ。はじめはとにかく飽きるまで遊んだほうがいい。自立というのはあくまでその先に、結果的かつ付属的についてくるものなのだと今の僕は考えている。

（二〇一〇年一一月執筆）

〈後日附記〉

ひきこもりを抜けて働けるようになった人は、「自立しなければならない」という義務感のためにではなく、自由に消費する楽しみのために働いてほしいというのが僕の考えです。消費は労働を促進させます。斎藤環さんもどこかで言っていましたが、最初の社会参加は就労ではなく消費です。消費できない人は働けないのです。まずはお金を使いましょう。

仕事が身近な環境
……身近なモデルケースの有無

二〇一〇年のゴールデンウィークに、生まれて初めて広島と山口を旅した。広島に行ってみようと思った理由は、「どうしてもマツダスタジアムで野球が見たい！」という、わりに単純なもの。広島で野球二試合とサッカーを一試合見て、岩国から下関まで足を伸ばしてから帰ってきた。

実際に行ってみての感想だが、マツダスタジアムは予想していた以上におもしろかった。バラエティーに富んだ座席のレイアウトやスタジアムグルメなど、至るところに工夫があって、「お客さんに楽しんでもらいたい」という球場側の熱意がひしひしと伝わってきた。唯一困ったのは、『それ行けカープ』のメロディーが頭にこびりついて離れなくなってしまったこと。仕方がないので、広島パルコのタワーレコードに行ってカープ応援歌のCDを買いました。今もたまに聴いています。ときどき無性に聴きたくなるんだよな。

そんなわけで、この時の旅行の目的はマツダスタジアムにあったわけだけれど、せっかくだからということで、いかにも観光客らしく、厳島神社にも足を伸ばしてみた。

やはり連休だけあって、この時期の宮島には大勢の人が押し寄せていて、土産物屋が立ち並ぶ参道にもたくさんの人が溢れていた。土産物屋の店員さんも数が多くて、特に印象的だったのは、明らかに高校生くらいとわかるアルバイト、それも「たぶんこれが初バイトなのだろうな」と思うような子がたくさん店頭に立っていたことだった。彼らを目にした瞬間に、「ああ、人手が足りなくて駆り出されたんだろうな」ということがわかる。手つきは慣れていないし、声も出ていない。働き慣れている人の動きでは明らかにない。勝手がわからずに、おずおずと仕事をしている人の動き方だ。

最初僕は、そういう明らかに手慣れていない店員が大勢いることに妙にイラついていたのだけれど、彼らを見ていていつのまにか、「いいなあ」と思うようになった。これはなんというのか、ある種の羨ましさを含んだ種類の「いいなあ」である。

これはあくまで想像だから、実際のところはもちろんわからないけれど、彼らの立ち姿からは、きっと「忙しいからちょっと手伝って」、「○○ちゃん、こんどのGWにうちで少しバイトしない？」的なやりとりが交わされてこうなったのだろうという印象が強く伝わってきた。あるいは学校の友だちか何かに誘われて、「じゃ、やってみようかな」とか思って始めてみたのかもしれない。友だちがやっていたから自分もやってみた。深く考えずに気軽に始めた。ちょっと緊張はしたけれど、学校の友だちもやっているのだから自分にもできそうな気がした。みんなやってる。だから仕事をそんなに「難しいもの」とは思わない。あくまで想像だけれど、でももし実際にそういう感じなのだとしたら、なんだかそれって悪くない気がする。

ところ変わって、話は横浜。

今年の五月くらいに、日産スタジアムで行われたイベントの帰りに、同じ日産スタジアムで行われているフリーマーケットに立ち寄った。ここのフリマはたしか月に一回くらいの割合で開かれていて、スタジアムの中ではなく、建物の外周を数十台の車が埋めるかたちで開かれている。ずらり並んだワンボックスカーの前に、種々雑多な商品が並べられている。

この日の僕はフリマ目当てででかけたわけではなかったから、本当に冷やかし程度にしか見ていなかったのだけれど、でもこの日のフリーマーケットを見ていて強く感じたことは、「仕事をする能力の有無とは別に、仕事が身近な存在か否かの差って、かなり大きいのではないか？」ということだった。

日産スタジアムのフリマでは、自家用車で出店しているアマチュアの家族連れなども多いのだけれど、そういった家族連れの姿を眺めていると、五歳くらいの女の子が、「いらっしゃいませ〜、お安くしときまちゅよ〜」とか言って呼び込み的なことをしているのが目に付く。僕はこれを見ていて、「すごいな……」と感じた。あの子はこんな小さなうちから「仕事」という意識もなしに仕事体験をしている。彼女の感覚的にはきっと遊びの延長だろう。おそらく、そこに特別な感覚はない。

フリマではないが、そういえばつい先日も、職場のビルの入り口にお昼のお弁当を買いに行ったら、三歳くらいの女の子が母親の隣で、「ごひゃくえんになりまちゅ」とか言いながら「接客」をしていた。見ていてすごく微笑ましく、同時に可愛かった。これも想像だけど、そういう経験をしている子どもたちは、大きくなっても仕事を「特別なこと」とは捉えないいんじゃないかという気がする。こういう体験を一年に二〜三回ずつでもしていたら、たぶん相当鍛えられる。僕みたいに、仕事や就職を目の前にして立ちすくんでしまうということはあまりないのではなかろうか？

彼らの姿を見ていて僕が「すごいな」、「いいなあ」と感じてしまった背景には、僕が子どもの時にはそういう仕事を身近に感じられる機会が全然なくて、大人になって「いざ仕事」の場面になってから結構苦労したという経験がある。そしてもうひとつには、僕がふだんの仕事の中で、仕事を目の前にして立ちすくんでいる、かつての僕と同じような若い人たちを日常的に大勢見ているというのも大きい。だから、フリマや弁当屋の子どもたちを見ていて羨ましいと感じたのかもしれない。

僕の父は航空会社に勤める会社員だった。いわゆる普通のサラリーマン家庭である。父はもう何年か前に定年で退職したけれど、僕にとって、父の仕事は決して身近なものではなかった。物心ついた時から、父が毎日「会社」というところに行っていることはもちろん知っていた。しかしその「会社」とはいったい何で、そこで父が具体的に何をしているのかということは、小学生から高校生にいたるまでの僕にとって、ほぼまったくと言っていいほど謎に包まれていた。それを知る機会も持てなかった。「会社」というよりも、「カイシャ」と呼んだ方が当時の僕のイメージに近い。

父は「家庭と仕事は分ける、仕事を家庭に持ち込まない」という姿勢の持ち主だったし、それはそれで評価に値するものだったと思う。しかし一方で、子どもの立場からの希望を言わせてもらうと、「父が毎日どんな仕事をしているのか?」、「父が通っているカイシャとはいったいどんなところなのか?」ということをもっと身近に見せてほしかった。多くを望み過ぎかもしれないが、会社や仕事というものに対して、子どもの頃からもう少し具体的なイメージを得られていたら、もう少し違った結果になったんじゃないかという気がしてならない。

これがもし自営業であれば、親が働いている姿を目にするのは、きっとずいぶん容易になるだろう。しかし、親が会社員となるとなかなかそうもいかない。ある部分仕方のないことでもある。でも、「それでもなあ……」というのが正直な心境だ。会社員が大半を占める世の中になって、仕事というものが子どもやふだんの生活からだいぶ遠くに切り離されてしまったのではないか。そのことが就職を目の前にして立ち止まる若者をつくる遠因になってはいないか。旅先の街角で、ふとそんなことを考えたりした。

（二〇一一年一二月〜二〇一二年四月頃執筆）

〈後日附記〉

「みんながやってるんだから、きっと自分にもできるだろう」と思えるというのは、とても大きなアドバンテージのように思います。そういう身近なモデルケースを目にしていることで、過剰な恐れを抱かなくて済む。身近なモデルがたくさんある世界って、とても豊かだなと思います。

揺さぶられるもの
……ひきこもりから働くということ

この文章は、３・11の震災のあとに書いた。地震のあとで僕は心身ともに不調をきたしたのだが、そこで感じたり考えたりしたことをまとめたものである。

＊

三月十一日に起きた地震のあと、ずっと調子が悪い。

あの地震のあとの数日間は、停電やら電車の不通やら帰宅困難やらといった非日常の状態があって、一種の「震災ハイ」みたいな状況になっていたのだが、地震から一週間が経ってどうにか平常の状態に戻ってきたら、何か気が抜けたようで、何をしていても力が入らなくなってしまった。仕事をしていてもどうもやる気が出なかったし、「自分はいったい何のために仕事をしているんだろう?」という虚しさを感じてしまう日々が続いた。震災直後の一時的なハイテンションの揺り戻しが来たのかもしれない。あるいは余震やら計画停電やら原発事故やらの影響で、心理的に落ち着かない日々が続いたからかもしれない。とにかく気持ち的な虚脱状態がしばらくのあいだ続いた。

地震後の不調の症状は、いろいろな面に出てきた。

休みの日も公園で日がな一日ぼおおおっとしていたり、身体に力が入らない感じがあったり、購買意欲が異様なくらいに低下したりした。お店というお店が夕方までしか営業していなかったせいもあったが、それ以前に「何かを買おう」という気になれなかったし、何も欲しいものが見当たらなかったのだ。こういうのは僕にとってあまり良くない徴候である。

そんなわけで、三月はもうひたすら小説を読み続けていたし、「三ヶ月くらい山の中にこもってずっと独りで本を読んでいたい」という気持ちになっていた。今思うと、いろんなところで気持ちが疲れていたのかもしれない。混乱していたのかもしれない。でもまあそれも仕方がないかな、とは思う。なにしろあれだけ大きな災害があって、停電が起きて、食料品が次々とスーパーの棚から消え、あんなにもショッキングな映像がテレビを通じて洪水のように雪崩れ込んできたのだから。あれで影響をまったく受けないほうがよほど不自然なのだろう。

四月に入ってからは、僕の不調はさらに大きなものになった。

症状としては、まず食欲が目に見えて低下し、以前よりも身なりに気を遣わなくなった。後頭部には内側から強い鈍痛が続いて、いつまで経っても消える気配を見せなかった。これは昔ひきこもっていた時に感じていたのと同じ種類の痛みだ。経験的に言ってあまり良い傾向ではない。胸のあたりが常に気持ち悪く、吐きはしないのだけれど、吐き気の三歩手前のような感覚がずっと胸のあたりに残っていた。何かを考えようとすると急に思考がフリーズし、脳味噌が石になったような気がして何も考えられなくなった。まるでメモリの少ないパソコンみたいだ。とにかくやる気というものが絞りだせなかった。

四月に入って、自分の調子があまりにも悪いし、「さすがにこれは変だ」と思ってまわりの人たちに訊いてみたら、地震以降ずっと調子がすぐれないとか、身体に変調が出ているという人が僕以外にもたくさんいてびっくりした。これは別にひきこもりや不登校の経験者だけに限らない。普通に働いている人たちや、僕よりずっと年上の人の中にも不調を訴えている人が大勢いた。あるいはひょっとしたら、世の中のほとんどの人がそうだったのかもしれない。ただ顔や口には出していないというだけのことで。

ともあれ、話が最初に戻るけれど、あの日の地震以来なんだかずっと気持ちが悪い。うまく言えないのだが、あの地震によって自分の中の何かが揺さぶられたような気がして、何かがもやもやしている。この揺さぶられ感はたぶん簡単には言葉で表現できないし、また、簡単に言い表されるべきでもない種類のものごとであるように感じる。震災の直接の被災者ではないというのに、どうして僕はこんなに地震の影響を受けているのだろう？　この調子の悪さはいったい何なのだろう？　そこは自分でもひどく疑問に思った。とにかく精神的にしんどかった。休みの日にいくら寝ても寝た気がしないのだ。

そんなわけで四月の第一週に入ったあたりから、「ご相談キャンペーン」を開始することにした。僕は悩み事があったり調子がおかしくなると、いろんな人に会って相談しまくるようにしている。相談する人はその時によっていろいろだが、だいたい一回につき六、七人の人と、短期間に集中して話すようにしている。もちろん、その時々の悩みの種類によって相談する相手は変えるし、選ぶ。そういう選択肢みたいなものを日頃から確保しているわけだ。この行事はそうしょっちゅうやるものではないし、相談したからといって悩みの本質が解決するわけではないけれど、それでも気分的にはだいぶ楽にはなるし、自分が何に悩んでいるのかもひと通り整理ができる。困った時に相談できる相手がいるというのは、実にありがたいことだと思う。

今回のキャンペーンでも例によっていろんな人と話をしたけれど、その中でも、同じ体験をした仲間との相談がやはりいちばん印象に残ったし、彼らにこそいちばん救われた。いつの時でもそうだけれど、僕らはお互いが辿った経過が似ているぶん、悩みの性質も似てくるので、とにかく話が通じやすいし、お互い共感できるところも参考になるところもふんだんにある。「実はこんなことで困ってるんだけどさあ」と誰かが言うと、もう一人が「あ、それすごいわかる。そこは俺も本当にきついもん」と返してくる。これは知識的な理解ではなく、納得のレベルでの言葉だ。こういうつながりを持っているというのは、僕らにとって本当に貴重かつありがたいことだなと思う。彼らとのつながりは僕にとって、間違いなく一生ものの財産である。もし彼らの存在がなかったら、僕が生きていくのはもっとずっとつらい作業になっていたことだろう。

そして今回、僕が彼らと相談してみたかったことは主にふたつある。

ひとつは「職業人としての自分に対する、周囲と自分の評価のギャップ」についてであり、もうひとつは「埋めることのできない欠落を抱えたまま働くことのしんどさ」みたいな話だった。

まずひとつめについていえば、現在の僕は、周囲からはまずまずの評価を受けているようなのだが、埋めることのできない欠落を持っているせいか、僕自身は職業人としての自分に今でも自信が持ちきれずにいる。どうもまわりは僕のことをそれなりに評価しているようなのだが、それとは一切関係なしに、僕が主観的かつ一方的に引け目を感じてしまうのである。まわりに低く評価されているわけではないという点では誠に慶賀歓迎すべきことなのだが、しかし、僕と彼らのあいだには意識に明確な違いがあるわけで、僕はそこにある落差に対して、いたく戸惑っているようなのである。この気持ち悪さはいったいどう処理したらよいのだろう？

相談したかったことのふたつめは、「埋めることのできない欠落を抱えたまま働くことのしんどさ」について。

僕らは二十代の時はほぼひきこもっていて、三十歳前後からようやく働きはじめた。それもこれも、新卒の時の就職活動でうまくいかなかったり、そもそも就職活動自体を始められなかったりしたせいだ。

きっと「普通」だったら、二二、三歳で就職して、新人や若手として経験を積み、その後に中堅なりベテランなりになっていくのだろうが、僕らの場合、その最初のプロセスが丸ごと抜け落ちている。ごっそり抜け落ちたまま、今もごまかしながら働き続けている。まあ今はそれなりにやれているのだから、それはそれで別にいいようなものかもしれないが、とはいえ、僕らは過去に「新人」として仕事のやり方を教えられた経験もないし、「ホウレンソウ」も教えられてないし、名刺の受け渡しやビジネスマナーだって何ひとつ習ったことがない。どこまで働けばいいのかも、逆にどこまで手を抜いていいのかもわからない。みずからの中に「どれぐらいやればよいのか」のスタンダード（基準）を持っていないから、傍目にはどれだけキャリアを重ねて仕事ができるように映っても、心の中では相変わらず不安が付きまとってしまうという問題点がある。この点については、いくら時間が経ってもなかなか有効な解決策が見出せずにいる。

僕がおずおずとこの話を持ち出すと、向かいに座る二人は即座にこれに同意してくれた。

「いや、その感覚はわかる。俺もそこに関しては本っ当にどうしていいのかわかんない。そこはどうやったって消えるところじゃないからね……」

彼らはそう言って天井を眺めたり、グラスに残った氷を揺らしたりして何かを考えている。あるいはおもむろにメニュー表を手に取ったり、視線を宙に浮かせて何かを考えている。そこにはどこにも辿りつかない種類の沈黙が浮かんでいたが、しかしお互いが何かを共有しているという確からしさの感覚があった。少なくとも嫌な種類の沈黙ではない。誰かが次の言葉を発するまでに、いくばくかの時間が流れた。

おそらく、僕らが一様に不安に感じてしまうのは、若い時に通過するはずだった経験が抜け落ちていることに起因する、土台の不確かさや後ろめたさの感覚なのだろう。そこが抜け落ちているからこそ、「教えられた経験もないのに教えられるわけがないでしょう」という話になるし、「実はこないだ俺にも部下がついて、今年から入った新人のＯＪＴ担当になったんだけど、でも俺ＯＪＴされたことないんだよねぇ……」という話にだってなってしまう。でもそれを職場でどの程度言えるかといえば、おそらくほとんどのところではそれを口にできないか、言ってもまるで理解してもらえないというのがオチではあるまいか。その点、僕のところはまだそういう人たちが持つ悩みに対して理解のある職場だから、少なくとも彼らに比べれば状況は好意的だ。「そういう悩みは俺も確かにあるんだよねぇ……。でも、それを言っちゃったら、今の職場続けられないからね。だからまぁ……言えないよな」。そう言われると、「自分のところはまだきっと恵まれてるんだよなあ」と思わずにはいられなくなる。たぶん実際そのとおりなのだろう。

僕の友人には不登校やひきこもりを経験してきた人がとても多い。そして、ここで書いてきたような課題は、ひきこもりを経験して今働いている人たちにはほぼ共通の悩みだ。僕のまわりにいる人たちはみんな口を揃えて同じことを言う。まさに異口同音。そしてこの悩みだけは、実際にひきこもりを経験した人にしかわからないと思う。世の中のほとんどの人には伝わらないし、仮に理解はしてもらえても納得までは辿りつかない。これればかりは本当に仕方がない。そのことで誰かを責めるつもりもない。これは僕たちの課題なのだ。そして、この独特の悩みをお互い納得して共有できるからこそ、僕と同じ経験をしている彼らの存在は貴重なのだ。僕はそう思うし、そう考える。

「どうしてこの時期にこんなに大きな不調をかこってしまったのだろう?」とあらためて考える。

僕らは足元に消すことのできない欠落や空洞を抱えたまま、その上にいろいろな経験やキャリアを積み上げてきた。そうせざるを得なかったからそうしてきただけだ。誇ることでも、みずからを卑下することでも何でもない。しかし、今回の震災によって自分の中の土台がぐらぐらと揺れて、足元が不確かになってしまったような感覚があったのだと思う。地震と何かがシンクロしてしまったのかもしれない。

今回の僕自身の不調に関して言えば、以前から薄々悩んでいた案件がいくつか眠っていたところにあの大きな地震がやって来て、僕の中の何かが大きく激しく揺さぶられ、そこに年度替わりやら仕事の負担感やらが追い討ちのように乗っかってきて、三月から四月の不安や不調というかたちになって噴き出してしまった結果のように僕には思える。

それまでは比較的無事に覆い隠されていたものが、あの震災によっていろいろなかたちで露出してしまったのかもしれない。それはあたかも、貯水プールの水に覆われてきた核燃料棒が、大きな揺れによって不意に水面からさらけ出されてしまったのとそっくり同じように。そして期せずして水面から露出した核燃料棒たちは、対処の仕方を誤ればそのまま高熱を発し、僕の中で何らかの核溶融（メルトダウン）を始めてしまうのかもしれない。僕が感じたあの揺さぶられ感は、そのあたりの不安や恐れに起因したものだったとも考えられる。

こないだやった僕らの飲み会の結論は、「俺たちよくやっているよ」というものだった。きっとその通りだろうし、また、こうして愚痴を言い合えているのは幸せなことなのだろう。山も谷もいろいろある。それでも僕らはここまで来ているのだ。少なくも以前とは違う場所にたどり着いているのだ。そこまで自分の考えがまとまったら、こないだまでの頭痛や不安もだいぶ少なくなったように思えた。

（二〇一一年四月執筆）

A君は十八歳
……一万円札を燃やしたら、何色の火が出るか知ってる？

A君は十八歳。高校入学早々不登校になって、そのまま中退。しばらくのあいだ何もできずに過ごしていたけれど、つい先日コンビニのアルバイトを始めた。

そんなA君とのなにげない会話。


「よう、久しぶりー。元気そうじゃん」

「はい、まあまあ元気にしてます」

「コンビニのバイトは続いてる？」

「ええ、なんとか。まだ仕事を覚えきれてないし、余裕はないですけどね」

「今はどれくらい働いてんの？」

「えっと……週に四日か五日ですね。時間は昼間なんで、一日六時間くらいですね」

「え？　そんなに働いてるんだ。週に二、三日かと思ってた」

「いや、僕も最初は週三日くらいのつもりでいたんですけど、店長が『もっとたくさん来れない？』って言うんで、なんかそんなことになっちゃって……」（でもまんざらではなさそうな表情）

「すごい変化だねぇ。半年前だったらA君がコンビニでバイトしてるとか、考えられなかったけどね」

「そうですねー。自分でもちょっとびっくりしてるっていうか……」

「で、どうよ？　仕事は大変？」

「んー、まあ大変といえば大変なのかなーとは思うんですけど……」

「でもおもしろい、みたいな？」

「そうですね。前はできなかったことがちょっとずつ覚えたりできたりするようになってるんで、そういうのは楽しいというか、嬉しいみたいな感じはありますかね」

「もうバイト代はもらった？」

「ええ」

「いくらぐらい？」

「んー、月に五、六万ぐらいですかね」

「お、結構稼いでんじゃん。で、なんか使った？」

「いやー、あまり思いつかないし、わりと貯金してます。とりあえずはって感じで……」

「ふーん、もっと使ったらいいのに」

「ああ、まあ、そうなんですかねぇ……」

「そーだよ。だって君がバイトして稼いだ金じゃん。自分の好きなことに使いなよ。お金溜めて旅行行ってもいいし、欲しいもん好きなだけ買ってもいいし、エロ本を六万円分買ったっていいし……（笑）。人に迷惑かけちまうのはまあアレだけど、それさえしなきゃ全部君の自由だよ」

（A君、戸惑いつつも笑っている。たぶんこういう話は今までしたことがないのだろう）

「ねえ、一万円札燃やしたら何色の火が出るか知ってる？」

「え、いや……、知らないです。何色の火が出るんですか？」

「いや、俺も知らん」

「燃やしたことあるんじゃないんですか？」

「ないよそんなん。お金もったいないじゃん」

「なんだ」

「A君が稼いだお金なんだから、何に使ったっていいって話。ドブに捨てたっていいし、ビルの屋上からバラ撒いてもいいし、火をつけて燃やしてもいいし……。まあ、やらないとは思うけどさ」

時と場合によって多少言うことは変わるけれど、だいたい僕のスタンスはいつもこの辺である。バイトして稼いだお金は全部君のもの。だからバイト代は好きなことに使え。欲しい物を買おう。自立だとか一人暮らしだとかもそりゃあ大事だけれど、でもそれは今考えることではない。義務感で働くのはもったいない。それよりも今は、極力自分の楽しみのために働こう。

こう僕が言うと、相手はたいていびっくりした顔をする。「家にお金を入れなくていいんですか？」とか、「いつまでも実家にいるのはよくないんじゃないですか？」とか、だいたいその手の顔をしている。実際に口に出して質問できるのはごく少数だ。でも顔に書いてあるから聞かなくてもわかる。

A君の場合はまだ十八歳だからそれほどのことはないみたいだけれど、年齢が上がれば上がるほど「早く自立しなければ」という焦りの気持ちは強くなっていく。まあそう思うこと自体は決して不思議な話ではないし、そういう焦りの感情がまったくなかったとしたら、それはそれで心配である。

しかしつまらないことに――本人だけならばまだしも――親やまわりの人間までもが、ようやっと社会参加を果たしてアルバイトを始めたばかりの人に対して、「早く正社員になれ」だとか、「経済的に自立しなくちゃならん」だとか、その手のことを期待する。口に出して言う人は少数かもしれないが、顔に書いてあるから言わなくてもわかる。

だが、ちょっと待ってくれ。

ついこのあいだまで社会から撤退していた人が、そんなに簡単に自立できるものだろうか？

「否」である。ようやくクロールを覚えた人がすぐに波の高い外海を泳げるようにならないのと同じである。目指す方向は間違っていないが、期待の仕方が性急なのだ。今すぐに経済的自立を目指すのは現実的ではない。アルバイトを始めたばかりの高校生に経済的な自立を求めたりしないのと同じである。

ちょうど今、高校生をたとえに出したけれど、僕は、ひきこもりから抜けて働き始めた人というのは、段階としては高校生と同じなのだと考えている。年齢的にはもうそれなりの大人だから、いわゆる「年齢相応」の責務をこなさなければならないと思い込んでしまうが、長期の不登校やひきこもりを経て働きはじめた人というのは、ステージとしてはまだこの段階なのだ。「働くのはつらいこと／大変なこと」と思いがちな人が、義務感だけで仕事をやって果たして長く続くだろうか？　僕はそうは思わない。そう思えない。

今は高校生レベルの消費生活を楽しんだほうがいい。まずは、「仕事をするって楽しいものなんだな。意外と悪くないな」というプラスのイメージを十二分に作ること。その意識があれば、人は案外働き続けられるものだし、長い目で見れば、そのほうがずっと得策なのだと考えている。

（二〇一四年九月執筆）

〈後日附記〉

架空のお話です。実際にこういう人に出会って話をしたわけではない。でも、こういう若者に出会ったら、こんな話をすると思います。ここで出てくるA君は不登校や中退を経験しているけれど、なかなか健康度の高い若者ですよね。

働くことで得られる報酬は金銭だけではありません。大人に混じって働けている自信。今までできなかったことができるようになる成長や達成感。その他もろもろ。A君みたいに、一歩一歩、階段を登っていけたらいいなあと思います。

ＭＡＲＫ ＩＳ みなとみらい

……アルバイトで得られるもの

先日、外で晩ごはんを食べていた時に、ふと、「ああ、もっとバイトしておけばよかった……」という気持ちになった。なぜかはわからないけれど、そういう後悔にも似た気持ちが、唐突に僕の心に浮かんできてしまったのだ。

そんなことを出し抜けに考えてしまったのは、横浜にある「ＭＡＲＫ ＩＳ みなとみらい」。夜の九時を過ぎて、四階にある「おぼんdeごはん」というお店で夕食を食べている最中のことだった。料理をオーダーしたあとの待ち時間のあいだ、お店の中で忙しそうに動き回るホールの女の子たちの姿を眺めるともなく眺めていたら、急にそうした気持ちが浮かんできた。

「ああ、学生のうちにもっとたくさんバイトしとけばよかった。なんでもっといろいろやっておかなかったんだろう……」

今頃になってそんなことを言っても、もはやどうしようもないことなのだが、それでもそういった気持ちを押しとどめることができなかった。長い髪を後ろで束ねて、黒のお揃いのＴシャツを着た女の子たち。あるいは男の子たち。年の頃は二十歳か二十代前半ぐらいか。忙しそうに、でもテキパキと迷いなく、どこか充実した感じで動きまわる彼らの姿が、僕の目にはひどく眩しく見える。

おそらく僕は、彼女たちのことが羨ましく感じられたのだろう。これくらい若くて柔軟な感性を持った年代のうちに、このようないろいろな経験ができていることに対して。そして、この先の彼女たちを待っているであろう充実した未来に対して。彼女たちにはこの先、輝かしい未来が待っているように僕には感じられる。あるいは全然、そんなことはないのかもしれないけれど。

この日の一件に限らず、「もっとアルバイトをやっておけばよかった」ということは、最近しばしば考える。あの年代にアルバイトというかたちで得られる人生経験みたいなものって、わりに大きなものがあるんじゃないかという気がするからだ。

「こんなバイトをやっておけばよかったな」と僕が思うのは、まずは居酒屋の厨房。理由は単純で、そういうのをやっておけば、いろいろな料理が作れるようになったと思うから。料理はできないよりできたほうが絶対良いし、料理のレパートリーが少ないのが今の僕の悩みのひとつでもあるので、「ああ、あの時やっておけばよかった……」という気持ちはどうしても頭をもたげてきてしまう。それに、料理のできる男の人って、なんだかカッコイイじゃないですか。

ほかには、さっきの彼女たちみたいな飲食店のホールもよかったと思う。単に接客の経験ができるというだけではなく、そういったものをやっていれば、お店の中で全体の動きを見る癖みたいなものが身についたと思うから。

あとは、引越し屋なんかも「あり」だ。たくさんの荷物をまずいったい何から、どういう手順で運び出していけばスムーズにトラックに収まるのか。そういった「段取り力」みたいなものは、ああいう仕事をやっていたら間違いなく身につくだろう。ひとつの現場を取り仕切って物事を進める経験も財産だし、あるいは一人の引越し作業員として、自分が何をすればチームが円滑に動くのかという思考習慣みたいなものも、ああいう仕事をしていたら自然に身についていたと思う。

そういう僕が学生の時にやったバイトは、お弁当のデリバリー（ピザのデリバリーのお弁当版）が大学の一年の時に半年と、渋谷の東急ハンズのアルバイトが同じく半年（こちらは大学二年の時）。あとはスキー場でのインストラクターのアシスタントみたいな仕事と、短期のアルバイトが少々。僕がまともにアルバイトができていたのは大学二年の冬までで、大学の三年生になった時には、もうすでにアルバイトができるコンディションにはなかった。スキーで負った膝の怪我もあったし、学校の授業も忙しかった。そして何より、この時期にはすでにメンタル的にひどいことになりかけていた。

ただ、決して数は多くないながらも、学生のうちに多少なりともバイトをやっておいたのは、間違いなく自分の財産になっていると思う。やはり、アルバイトというかたちで社会に関わることで、仕事のイメージは確実に膨らんでくるし、実際に働いて給料をもらうことで、「自分も働けるんだ」という、うっすらとした自信も養われた。

お弁当のデリバリーをやってからは地図を読むのが好きになったし、東急ハンズのバイトでは、組み立て家具の梱包がやたらと上手くなった。でもそれだけではなく、自分よりもずっと年長の人たちに囲まれて仕事をすることができたのは、意外に得難い経験だった。自分とは全然世代の違う人たちと一緒に何かをするというのは、学校生活ではまず得られない種類の経験である。

そう、バイトで得られるものは決してアルバイト代だけではないのだ。働くという体験そのものや、自分が稼いだお金で自由に欲しいものが買えるようになる自由。自分より年上（または年下）の人に混じって働く経験。自分が社会の一員として認められている／自分が社会に参加しているという実感めいたもの。こういったものを得られるのもアルバイトの良いところだ。

ほかに、アルバイトをすることでもたらされる変化としては、自信や社会性が身につく、敬語や言葉遣い、お店の全体の様子を見て次に自分が何をすべきかを考えるといった段取り力、年上の人や年下の人と接し方、社会に揉まれていくことで堂々とする、背筋が伸びる、大人びる、顔が精悍になるなどがあるだろう。これは別にアルバイトでなくてもいいとは思うが、本格的に社会に踏み出す前に、何らかのかたちで社会参加のプレ体験をしておくのは、とても大切なことだと僕は考える。

僕はこれまで受けた相談の中で、働いた経験がまったくないまま学校を卒業し、就職する手前で立ちすくんでしまったという人にたくさん出会ってきたが、その状態でいきなり社会に放り出されるのは、かなりきついことだと思う。それはたとえて言うなら、プールの中でも満足に泳げない人が、いきなり高い波の立つ海（＝社会）に放り出されて、「さあ、あとは自分の力で泳いでみろ」と言われるようなものだ。はっきり言ってハードルが高いし、それで不安を覚えないというほうがどうかしている。僕だったら確実に身体がすくんでしまうことだろう。バンジージャンプと同じくらい怖いかもしれない。
僕は決してアルバイトをしなかったわけではない。さっきも書いたとおり、期間は長くはないながらも、バイトはそれなりにこなしてきた。だが、人並みに社会に参加できなかった期間が結構まとめてあるせいか、普通に働けている人がひどく眩しく感じられたり、「あの時こうしていれば……」的な置き忘れ感にとらわれてしまうことはしょっちゅうある。それこそ冒頭に書いたエピソードのように。どうも、これとは一生付き合っていくような雰囲気だ。こういうのはなかなか切ないものです。「切ない」と言ってみたところで、何がどうなるわけでもないのだけれど。

（二〇一三年七月執筆）

第5章

つながり

いつのまにか変わるものごと
……人とつながっていることで働く力

全国的にお盆休み真っ只中の八月一三日に、僕たちが以前参加していたひきこもり当事者・経験者の自助グループの飲み会があった。

初期の主だったメンバー約二十人に声をかけて、うち集まったのが十五人。みなグループからはすでに離れてそれぞれの道を進んでいるけれど、だいたい半年に一回、夏と冬にこうした同窓会的な集まりを開いている。それも今回で三回目。

今回の飲み会の大義名分は、春に結婚したのがふた組と、年末に結婚を予定しているメンバーが一人、あと夏前に子ども（しかも二人目）が生まれたのが一人いたので、それをみんなまとめてお祝いするというもの。なんだか最近こういう大義名分に事欠かないなあ、うちのグループ。最近結婚とか就職する人が続出だし。ま、それだけみんな進捗があるということかな。

そんな今回の飲み会、居酒屋の大部屋で十五人の若者が集まってワイワイやっていたわけだけど、トイレから帰ってきた時にふと場を眺めて、「この全員がかつてひきこもっていた人だなんて、これを見てもきっと誰にもわからないだろうな」ということを考えた。たしかに、そんなの傍目には誰にもわからないと思う。でもほんの数年前まで、みんな実際にひきこもってたんだよな。

三時間の飲み会が終わったあと、参加したメンバーのひとりとこんな話をした。

「なんか不思議だよねー。今日も普通に仕事とか結婚とかの話題が出てたじゃん。五年前のうちらだったら、こんなんあり得なかったもんね」

そう、五年前だったら、うちらの中で仕事やバイトの話が出るなんてほぼあり得なかった。三年前でも怪しいかもしれない。ところが、誰か一人が就職したり結婚したりしたあたりから何かの風向きが一変。こうした飲み会の席で、ごく普通に仕事や結婚の話が出るようになった。まったく、いつのまにこんなことになったのやら。

ところで、今回の飲み会の予算は一人四三〇〇円に設定した。今まではだいたい一人三〇〇〇円ぐらいの安いコースで済ませていたのだけど、「別にみんなお金がないってわけじゃないんだしさあ。それにせっかく集まったのに料理がしょぼかったからイヤじゃん」という幹事（僕）の勝手なひと声によって会費を決定。

そう、今となってはみんな別にお金がないわけではないのだ（あるわけでもないけど）。ないのはお金じゃなくてむしろ時間のほうだったりして。だから日程調整に困って、お盆休み中に飲み会をセットしたわけである。

以前だったら､気にするところは日程ではなく予算のほうだった。でも今はなぜかその逆になっている。実に不思議。どうも、ものごとというのは、いつのまにか変わるものみたいだ。

とはいえ、昔からこうだったわけではもちろんない。

ひきこもりの居場所に参加し、そこに定着できたまではいいけれど、なかなか次のステージに進めないで停滞してしまうというのは、僕らのグループの中ではわりにありがちな現象だった。

　これは僕についてもまったくそう。居場所に参加し、あちこちで人の輪を作ることにはじゅうぶん成功したけれど、「働く／稼ぐ」というポイントにたどり着かず（決してそれが唯一絶対のゴールというわけではないのだけど）、そんな自分に日々焦りを募らせていた。そして、同じように穏やかで引き延ばされた停滞を続ける仲間どうし、誰も抜け出さない沼の中で、お互い様子を見合っているという状況が何年か続いた。

　しかしそのうち、誰か一人が何かに押されてその沼を飛び出すと、彼や彼女が起こした波紋に刺激されて、水面が揺らぎ始めた。その波紋が波紋を呼び、みんなが少しずつそわそわした気持ちになっていったことを今でも憶えている。

「まわりがみんなバイトとかしてるのを見ると、せめて自分もフリーターぐらいにはならないといけないのかなーと思った」というのは、このうちの一人の言葉だけれど、そういう一種の同調圧力みたいなものが働いたのかもしれない。いや、たぶんきっとそうだろう。

　僕がふとした縁で仕事を始めた時も、きっと僕の動きが彼らの刺激になったのだろう。まわりの友人が焦りを感じ始めたのがわかった。

「おいおい、ちょっと待てよ。おまえまでここを出ていっちゃうのかよ」

　彼らの表情は僕にそう告げていた。

　しかしほどなくして、その彼らが何らかの仕事に就き始めると、今度は僕のほうが焦りに近い気持ちを感じることになった。お互いライバルどうし、共に刺激し合って高め合っていくじゃないけれども、でもそれに近い種類の関係性があったように思う。二十代後半から三十代にかけて、周囲の友人がバタバタと結婚しはじめると、どうもそわそわと落ち着かなくなってくるというのは、一般の人の中にもよくある話だけれど、ある種それに似た連鎖反応が起こったみたいだ。

さて、こうした好ましい意味での同調圧力はどうすれば生まれるのだろうか？

やはり、まわりに人がいるからこそ、人の輪の中にいるからこそ、こうした力が生まれてくるのだと僕は考える。当たり前のことだけれど、独りでいても波は立たないし波紋も起きない。なにしろ刺激というものがない。

しかし、人といれば何かが起きる。それは必ずしも良いことばかりとは限らないけど、でも何かは起きる。それが居場所の力であり、人とつながっていることの力なのではないか。僕は最近、そのように考えている。

（二〇〇六年九月執筆）

〈後日附記〉

この時のメンバーはその後、さらに別々の道を進んで、今ではこの「同窓会」を開くこともなくなりました。札幌や福岡、熊本に長野。みんな、それぞれのステージに進んでいます。この先会うことは少ないかもしれないけれど、みんな元気でやっていってほしいですね。

After the Quake

……周囲との比較、役割の付与

「ひきこもりの人には役割が必要」、あるいは「ひきこもりの人は非常時に強く、平時に弱い」というのは、この場で僕がくりかえし書いている事柄のひとつだが、先日、このことをあらためて感じる出来事があったので、ここで書いておきたい。

それを感じたのは、二〇一一年三月十一日（金）。まだ記憶に新しい東日本大震災の当日のことだった。その日、僕は週一回のユースプラザ（※横浜市が市内四カ所に設置している施設。不登校やひきこもりなど、自立に向けた若者の総合相談や、居場所事業などをおこなっている）での相談の日で、地震が起きた時は、その日ユースプラザに初めて訪れた保護者の方との面談をしている最中だった。

最初の揺れを感じたのは面談が始まって十五分くらい経った時だった。微かな横揺れを感じて、「あ、地震だな」と思ったのだが、どうせすぐにおさまるだろうと考えてそのまま面談を継続していた。しかしその微かな揺れは収まる気配を見せず、逆に次第に大きくなっていった。「地震ですね」、「ええ、結構大きそうですね」などというやりとりをしばらくのあいだは続けていたのだが、さらに揺れが激しくなり、これ以上続けるのは危険と思われたので、面談をいったん中止して出口を確保することにした。

と、立ち上がったその時、部屋の電気が消えた。停電である。相談室のドアを開けて廊下に出てみたら、廊下の電気も消えて暗くなっていた。薄暗くなったユースプラザでは、若い人たちや居場所のスタッフたちが廊下に出て、やや不安な様子で壁や天井の揺れを見守っていた。

最初の揺れがおさまったあとも強い余震が続いていたので、ひとまずは安全確保ということで、プラザ内にいた人たちには居場所スペースに集まって待機してもらった。建物が崩れてくるようなら避難の必要があるが、とりあえずは崩れてくる危険性もなさそうだったので、いったんここで待機して事態の推移を見守ることにした。下手に外に出たりして、ビルの上から物でも降ってきたりしたらよけいに危ない。窓ガラスの雨が降ってきたりでもしたらそれこそ悲劇である。

一回目の揺れの最中にいきなり電気が消えたので、「もしや」と思って水道の蛇口を捻ってみたが、やはりと言うべきか、水は出なかった。電気は非常用電源に自動的に切り替わったらしく、部屋の中はいつもより薄暗い電気のみが点いた状態になっていた。たまたま昼の明るい時間帯だったから影響は少なかったが、もしこれが夜間だったらちょっとしたパニックになっていただろう。

余震があらかたおさまり、今いる人たちの安全が確認されると、僕らスタッフもようやくひと息ついてまわりの様子を窺う余裕ができた。すると、居場所に来ている若者たちが意外なほど冷静でいることに気がついた。その日はいつもより人が少なく、スタッフも含めて十五、六人しかいなかったせいかもしれないが、みんなわりに落ち着いていて、取り乱している様子は見られない。逆に、相談に来ていた親御さんのほうがいくぶん動揺しているように見えた。こういう表現はあまり適切ではないかもしれないけれど、居場所に来ている若者たちは、この非日常の状況をどこかで楽しく感じているような気配さえ感じられた。夏の夜中にテレビの台風情報を見て、子ども心にどこかウキウキしてしまうあの心理に近いかもしれない。

非常時における独特の高揚感のせいかもしれないが、ふだんは居場所になかなか入りにくそうにしている若者が、今日はいつもよりもいきいきして見えたり、リラックスした目をしているのが印象に残った。また、若者もスタッフも相談に来た人もみんなまとめて同じひとつの部屋に集まっていたせいかもしれないが、ふだんよりもどこなく親密な空気が流れていた。そのほかの若者たちを見ても、いつもに比べて積極的にコミュニケーションを取っていたし、中には今日が初対面ながらお互いの住んでいるところを訊き合って、実は同じ小学校出身ということがわかった人たちまでいた。僕はふだん相談業務が中心で、あまり居場所スペースには行かないので詳しいことはわからないけれど、でもこういうのはやはり、ふだんはあまりないことのような気がする。

彼らが思いのほかいきいきしていたのは、自分のやることが比較的はっきりしていたからだと思う。みんなが同じ地震を体験しているので、共通の話題にだって事欠かない。非常時特有の高揚感も少なからずある。居場所に来たはいいが何をしていいかわからず居づらい思いをしてしまったということも、いつもに比べればずっと少なかったはずだ。彼らの動きもいつもより積極的だし、ここでの様子だけを見れば、彼らが社会や仕事に入っていくことに困難を感じているようにはさほど見えない。何とはなしに彼らの様子を眺めていたが、こういう非常時にいろいろ頼んだりお願いしてみたりしたら、結構力を発揮してくれるんじゃないかなと感じた。

僕はこの地震があった日、いつにも増して「人とのつながり」というものを感じた。

このような非日常の状況だったことに加え、ライフラインや交通網がストップしたことによってもたらされた不便さが、人々の団結心や、お互いに協力しあう姿勢に大きくつながったという印象があった。たしかに不便ではある。だが不便だからこそ、あるいは物や情報がないからこそ、まわりにいる人たちに良い意味で頼り頼られたように感じられた。思い返すと、これはなかなか悪くない体験だった。

さっき書いた役割の話にいったん戻るけれど、こういう非常時にいろいろ頼んでみたり、役割を与えたりしたら、彼ら若者たちはいろんなところで力を発揮してくれるんじゃないかと思う。

ユースプラザのような場所に来ている若者の多くは、決して能力のない人たちではない。こと「社会的ひきこもり」の人について言えば、「能力的に著しく劣っているから就職したり社会に出られずにここに来ている」という印象は受けない。むしろ彼らに足りないのは能力云々ではなく、社会における役割のほうだと思う。彼らには能力はあっても、やることがないのだ。

もし、彼ら若者たちが被災地の現場にいたら、現地の復興ボランティアとして大きな力になってくれたと思う。避難所によっては、中学生や高校生がボランティアの主力になっているところもあるというニュースをテレビで見たことがあるが、人手の足りない避難所などに行ったら、ユープラに通う若者たちはじゅうぶん中心戦力になるはずだ。もちろん、最初から指示を出したり状況を判断したりする側に回るのは難しいだろうが、他者から役割を与えられれば（たとえば荷物運びや炊き出しなどの分野で）かなり重宝がられるのではないかと僕は考えている。彼らの中にはまじめな性格の人たちが多いし、目先のやるべきことや集中することが明確にあったほうが力を発揮しやすいからだ。

ただそのためには、役割を与えてくれる他者との関わりが必要不可欠である。家にひとりでいても役割は与えられない。何も起きない。だからこそ家族以外との対人関係が必要なのだ。他者と交わる中で偶発的に「誘い誘われ」の関係が生まれ、各々の役割が与えられる。あるいはまわりで活動する仲間との相対的な比較の中から、「あ、自分って意外にこういうヤツなんだ／こういうことが得意なんだ／苦手なんだ」ということを発見する。まわりの人たちから、自分の持っている力を評価され、その中でゆっくりと自信をつけていく。彼らが本来持っている能力を発揮するためには、彼らに役割を与えてくれるような対人関係の存在がほぼ必須条件になるだろう。

僕がひきこもっていた時がまさにそうだったけれど、「自分はどういう人間なのか？／何が向いているのか？」というのは、独りで考えていても結局何もわからなかった。僕が自分のタイプや適性みたいなものを発見したのは、ひきこもりから出て社会に入ってからのことだ。まわりの人たちとの相対的な比較の中で初めて、「ああ、自分はこういうことが得意なんだな」ということが見えるようになった。中でも、二年間にわたって自助グループをつくって運営した経験は特に大きかった。あの体験はある意味で僕の原点かもしれない。まあ、人づきあいは何かと面倒なことも多いんだけれども。

最後は震災からやや話が逸れてしまったが、あの日の出来事を通じて、そんなことを考えた。

（二〇一一年七月執筆）

自転車で旅する
……大事なのは、結局人なんだ

先月のシルバーウィークに一週間ほどまとめて休みを取った。

で、その一週間どうしたかというと、結局どこにも行かずに、ほぼ毎日漫画を読んで過ごしていた。主に羽海野チカの『ハチミツとクローバー』の再読。全十巻を通しで二回読んだ。この『ハチクロ』はアニメや映画にもなったから、記憶にある方も多いかもしれない。映画版では蒼井優と「嵐」の櫻井翔が主役を務めていて、公開してすぐに渋谷の小さな映画館で観たのを覚えている。

この『ハチクロ』の中に、主役の美大生・竹本君が自転車で「自分探し」の旅に出るシーンが出てくるのだが、ここを読んでとても懐かしい気持ちになった。「そうそう、こんな感じなんだよね～」って。

実は僕も、昔これとそっくりのことをやったことがある。深夜のフジテレビでやっていたツール・ド・フランスに影響されてマウンテンバイクを買い、二回ほどツーリングの旅に出た。軽井沢から神戸まで走ったのが一九九六年。北海道を二ヶ月かけて一周したのが翌九七年の夏。当時の僕は大学の四年生と五年生。九七年の北海道の時は結構本格的で、走行距離は三五〇〇キロに達した。二ヶ月のあいだ宿には一度も泊らず、主にキャンプ場を使って、ほぼ毎日テントと寝袋で寝泊りをしていた。

もうだいぶ遠い日々の記憶になってしまったけれど、あの時のツーリングは今もとても思い出深い。翌年の九八年には、中古のバイクを買って紀伊半島と四国を一周したけれど、自転車の時のような楽しさは最後まで感じられなかった。なんというか、「自分の脚でここまで来たんだ」というフィジカルな充実感が得られなかったのだ。たしかにバイクは速いし便利だけれど、やっぱり自転車のほうがずっと楽しいと思った。裏を返して言えば、北海道での二ヶ月はそれくらい濃密だったということだろう。

二ヶ月の長い旅から帰ってきたあとの僕は、はじめは旅の興奮が冷めやらずに、余熱ともつかない高揚感の中で暮らしていたのだけれど、しばらくして鍋の中の湯気がその姿を消してしまうと、僕の毎日は徐々に元の無気力な生活へと逆戻りしていった。夏前に中断された就職活動が再開されることはなく、その後、このマウンテンバイクが再び路上に出て活躍することはなかった。とても残念なことに。

九七年の北海道ツーリングを始めたその年、僕は春から就活中だった。特に就職がしたかったわけではない。そろそろ卒業だということで、まわりに流されるようにして始めただけだ。特に行きたい会社も、やりたい仕事もなかった。そんな状態だから、就活が上手くいくはずなんて当然ない。筆記試験は通るのだけれど、面接でことごとくはねられ、一度も二次面接に進むことができなかった。経験したことのある人はわかると思うけれど、面接に落ち続けると人は自信を失っていく。自分の存在が社会に否定されているような気持ちになる。面接官が明らかに僕の存在を無視し、僕以外の人たちとだけ話をしているのだから、結果は聞かなくてもわかる。ああいう状況に置かれるのは本当にキツイ。そしてほどなくして、僕は面接の場にでかけることが怖くなった。戦う前からどうせ結果はわかっているのだ。身支度にぐずぐずと時間をかけ、もう予定の会社説明会の時間に間に合わないとわかると、内心どこかでホッとするようになった。それが幾度か繰り返された。

そして六月のある日、鏡に映ったリクルートスーツ姿の自分を見て僕はあることを発見する。スーツ姿の自分が小さく見えるのだ。まったくもって似合っていない。春先からリクルートスーツを着ていれば、最初はともかく、次第にこなれて似合ってくるのが普通だろう。でも鏡に映った僕の姿はひどく小さく見えた。Tシャツにジーンズの時の僕はこうではない。もっと大きく見える。この時僕は、「きっとこういうのは向いてないんだ」と自分で自分に理解をつけた。あるいはそれは、ただの後ろ向きな言い訳に過ぎなかったのかもしれないが、でもあながち的外れとも言えない気づきだったと思う。もし仮にあのまま就職活動を続けていたとしても、さしてめぼしい結果は得られなかっただろう。当時の僕には、就職して仕事をするための準備らしきものが、何ひとつと言っていいほど整っていなかったのだ。

その後も就職活動らしきことはかろうじて続けてはいたけれど、いつしか、「七月になっても結果が出なかったら北海道に旅行に行こう」と考えるようになっていた。そして月が替わり、七月がやってくると、待ちかねたように旅行の準備を始めた。僕が何かから逃げ出すかのように函館行きの全日空機に乗りこんだのは、九七年の七月十七日のことだった。

さて、その前年に軽井沢から神戸までのツーリングを経験していたとはいえ、北海道を走るというのは僕にとってずいぶん大きなチャレンジだった。北海道というところは街と街のあいだの間隔が長いから、途中で何かあっても容易には助けも呼べない。本州とはいろいろな意味で条件が違うし、周到な準備が必要なのだ。したがって、函館空港に着いて僕が最初に感じたのは、「やばい、来てしまった……」という後悔と心細さの感覚だった。しかし、現地に着いてしまったからにはもう走り出すしかない。そう覚悟を決めた。いや、そう決めるしかなかった。預け入れ荷物から返ってきたマウンテンバイクを慎重に組み立て、荷物を載せるキャリーを積んで出発の用意を整えた。その僕の作業の様子を、タクシーの運転手さんたちが不思議そうな目で見守っていた。

函館から自転車の旅をスタートし、羊蹄山《ようていざん》を右手に見ながら、時計回りに札幌方向に向かう。その後は、国道274号線沿いに新夕張方面に向けてペダルをこぐ。新夕張から日高峠へと続く、拷問かと思うほど長い山道をひたすら登り、占冠《しむかっぷ》の近くのキャンプ場でとりあえず一泊。そこからさらに一日かけて、北海道の「へそ」である富良野町へと下りていった。

富良野でふた晩を過ごし、その北側の美瑛《びえい》の町に入ると、そこはまさに北海道。日本とは思えぬヨーロッパ的な景色が目の前に広がっていた。あいにくの雨模様ではあったけれど、雨でも絵になるから美瑛はすごい。でも惜しいなあ、晴れてたらもっときれいな景色が見られたのに。

美瑛から少し奥に入った五稜というところでは、現地で知り合ったおじさんの小屋に泊めてもらった。札幌在住のこの方とは今でも親交がある。今年七七歳の方だが、「これからロシアに旅行に行く」という投書が六月の読売新聞に載っていた。十四年経っても僕のことを覚えてくれているのが嬉しい。

美瑛を抜けて旭川に入ると、街のアウトドアショップでキャンプ用の鍋と小型のコンロを購入。「これでインスタントラーメンや即席のみそ汁なんか作れたらいいよなあ」とか思ったりしたわけだ。そしてこの辺りから僕は徐々に自炊派へと舵を切り、途中のキャンプ場で知り合った人には、コッヘル（鍋）で米を炊く方法を教わった。自炊といっても大した料理ではなく、レトルト食品を炊いたご飯にかけて食べる程度だ。旅の後半には、「カレー／牛丼／中華丼、カレー／牛丼／中華丼。最後の七日目はジンギスカン」というのが定番のローテーションになった。ジンギスカンがとても楽しみなご馳走だった。

旭川から稚内を目指して国道40号を北上していくあいだには、道々のキャンプ場でいろんな人と仲良くなった。比布《ぴっぷ》、士別《しべつ》、名寄《なよろ》、美深《びふか》。音威子府《おといねっぷ》、中川、豊富、そして稚内。北海道には日本全国から若い旅人が集まる。バイクの人もチャリンコの人も、中には、リヤカーや徒歩で旅をしている人もいる。美深町のライダー祭りには百人以上の人とバイクが集まっていた。自分と同じことをしている人がこんなにもたくさんいるとわかると、なんだかとても嬉しくなった。

旭川を過ぎてペダルをこぎ続ける日々が板についてくると、せっかくだからいろいろな経験をしてみたいと思うようになり、稚内から利尻島へと足を伸ばし、海抜ゼロメートルからの利尻岳登頂（一七二一メートル）にチャレンジした。登頂して下山した頃には足に血豆ができてひどく痛かった。麓からキャンプ場まで歩くのがあまりにもつらくて、通りがかったパトカーを停めてキャンプ場まで送ってもらおうかと思ったけれど、どうしても勇気が出なくて手を挙げることができなかった。パトカーをヒッチハイクしたら一生自慢できたのに、つくづく惜しいことをした。

それでも、日本の北端である宗谷岬を経てオホーツクを南下する頃には、僕の生来の人見知りはもうすっかりどこかの物蔭に身を隠すようになっていた。お互い名前も知らない者どうし、キャンプ場で仲良くなって一緒に飯を食い、酒を飲んで大いに騒いだ。名前なんか知らなくても誰とでも仲良くなれた。いつしか人に道を尋ねるのに躊躇を感じなくなった。バイクの人たちはチャリダーに敬意を抱くらしく、すれ違いや追い越しの際にはみんながピースサインを出して僕らを励ましてくれた。

退屈になりがちな山道では、持参したラジオチューナー付きのウォークマンで夏の甲子園の実況中継を聞きながら、ただひたすら無心でペダルをこいだ。峠の坂道をひたすらに上っていたら、「がんばれー」という声と一緒に、車の窓からペットボトルのお茶が出てきた。応援されると不思議と力が湧いてきて、上り坂も苦にならなかった。

路上では「旅の費用をいかに安く抑えるか」をテーマにしている人にも会ったし、行く先々でわらしべ長者をやっている人にも出会った。

屈斜路湖から斜里町へと降りる下り坂では、突然チェーンが切れて派手に転んだ。その日は日曜日だったけれど、斜里の町まで行って事情を話したら、町の自転車屋さんがわざわざ店を開けてくれた。人間、真剣になって頼めば、案外、人は応えてくれるものらしいと知った。夜の寒さが一段と厳しくなった八月の下旬には、生まれて初めて「寒くて眠れないから」という理由で服を買った。そんな理由で服を買ったのは初めてだったので、ひどく新鮮な気分になった。

あの二ヶ月間は、「自分が生きている」という確かな手応えがあった。一日一日を生きていた。朝になると空腹感で否応なしに目が覚め、とりあえずは朝食を作る。朝食をとると自動的に便意を催す。とても自然なリズムで。テントを撤収し、昼のあいだはずっと自転車をこぐ。一日約八〇キロのペース。夕方になると、今日泊まるところと食事と風呂をどうするかについて考えをめぐらし、この三つをクリアできれば一日が終わる。そういう毎日だ。そしてそんな毎日を過ごしていく中で、僕は「大事なのは結局、人なんだ」という結論に辿りついた。これは僕にとって間違いなく大きな気づきだった。

知ってのとおり、北海道はとても広い。広大な大地だ。場所によってはキャンプ場に僕しかおらず、その日一日、誰とも話さないということがしょっちゅうあった。でも、それで孤独だと感じることはほとんどなかった。しかしそれとは逆に、旭川とか帯広みたいな大きな街に行った時にはひどく孤独に感じた。その時僕は、「孤独というのは人がいないから感じるのではなくて、まわりに人がいるのに、自分の所属するところがどこにもない時に感じるのだ」と考えるようになった。おそらくこれで合っていると思う。

北海道には景色のきれいなところがたくさんあって、僕もあちこちまわったけれど、でもあとから思い出してみると、そういう景色の良いところというのはあまり印象に残っていない。逆に覚えているのは、行った先々で出会った人たちやそこで話したこと、お互い名前も知らないのに仲良くなって、みんなで酔っぱらってキャンプ場で騒いだこととか、そんなことばかりだ。景色のきれいなところももちろん良いのだが、なぜか「つまらない」と感じることが何度もあった。そしてそんなことをさんざん繰り返しているうちに、「あ、結局大事なのは、景色じゃなくて人間なんだな」と思うようになったわけだ。

それ以来僕は、それまであまりしなかった挨拶をマメにするようになった。なにしろ挨拶は人間関係の潤滑油になるから。当時の僕は人間関係の構築が得意なほうではなかったので、せめて挨拶くらいはきちんとやっておかないと、どうにもならないところがあったのだ。それまでの僕は、「朝に『おはようございます』なんて、何を無意味なこと言ってんだよ。馬鹿じゃないの？」とか思っていたのだけれど。

あの北海道ツーリングから三年が経ち、紆余曲折を経た末、僕のひきこもりの日々は終了した。人を遠ざけた生活を抜け出してからは、性急に仕事に就くのではなく、デイケアなどに通って、失われた人間関係を取り戻すことを選んだ。「どうしてか？」と訊かれても上手く答えられないのだけれど、それが正しいやり方であるように思えたのだ。そして僕がこういう気持ちになれたのは、もしかしたらあの北海道での体験が心の中にずしりと横たわり、いつか目覚める時を待っていたからかもしれない。もちろん、それが実際の目に見える行動となって現れるまでには三年の月日がかかったわけだけれど、でもその三年は、きっと必要な時間だったのだろう。

「またツーリングに行きたいな」、「自転車で旅したいな」などと思いつつ、早いもので来年で十五年になる。四年ぶりくらいに『ハチクロ』を読み返しながら、そんな昔のことを思い出した。さて、これからいったいどうしたものか？

（二〇一一年一〇月執筆）

〈後日附記〉

旅行とかツーリングとかって、もうその場の勢いというか、「えい、や！」でやってしまわないとどうにもならないような気がします。やっぱりまた行きたいですね、北海道ツーリング。クロスバイクも欲しいいし、ロードレーサーにも乗りたい。一生のうちにもう一度、北海道を走りたいな。

家族について
……なぜこのテーマで書いているのだろう？

「珍しいよなあ……」と自分でも思いつつ、この文章を書いている。

この自分が、テーマに家族。はは。たぶん、今まで一度も書いたことのないテーマだ。「ひきこもるお子さんを持つ子どもへの接し方・関わり方」についての話なら何度か書いたけど、自分の親や家族についてはほとんど書いた記憶がない。以前誰かに言われたことだが、僕の語りにおいては、自分の家族というのはさほど重要な役回りにはないらしい。でも、それならなぜ、僕はこのテーマで書こうとしているのだろう？

ともあれ、ほとんど初めて書くテーマなので、上手く書けるとは思っていない。でも、せっかく書き始めたのだから、とりとめのないままに書き記してみようと思う。

これは比較的最近気がついたことなのだが、自分は家族というものに信頼感を持っているらしい。家族について深く思い悩んだこともそれほどないし、家族とのあいだに言いようのない葛藤やわだかまりを抱えていたということもない。家族と不仲だったとか、親が浮気して蒸発したとか、あるいは家族が不仲で家庭が崩壊しているといったこともまったくない。そういうカラフルなエピソードとはまったく無縁のところで生きてきた。

もちろん、ひきこもっていた時だけは事情が別だ。当時にかぎって言えば、ひたすら親を避けていた。両親と僕とのあいだには、言葉にならないギクシャクした空気が浮かんでいた。でも長いスパンで見れば、それはその時だけの、一時的な状況だったとわかる。本質的な意味で僕が家族に対してわだかまりを感じたことは、実は一度もない。驚くべきことに。

最初は、自分が家族に対して信頼感を持っているなんて考えたこともなかった。どうしても自分の家の状況が基準になってしまうから、「世の中これが普通なんだ」と考えていた。実はそうでもないらしいと気づいたのは、ひきこもりをやめて社会に出てからのことだ。ある人は幼少期から親との言い知れない確執を抱えているし、ある人は親に対する恨みつらみで心がはちきれんばかりになっている。過保護過干渉な親に苦しめられてきた人もいる。

しかし、そういった人たちに比べると、自分はあまり順調なのである。もう、順調すぎるくらいに順調。そこまでいくと、「もう少し何かあってもよいのではないか？」となんだか申し訳ないような、どこか居心地の悪い気分にすらなってしまう。

そんなような自分だが、では実家の両親とふだんから密に接しているかというと、それがそうでもない。両親に電話をすることなんて数ヶ月に一回あるかないか程度だし、それも何か連絡を取る必要があってのことだ。実家に帰るのも、横浜と伊豆という比較的近い距離であるにもかかわらず、年に二、三回程度。その事実だけをとれば、「仲の良い親子」の部類にはまず入れてもらえないだろう。たまに会う九州の叔母には、「もう少しマメに帰って顔を見せなさい」と、なかなかマジな顔つきで叱られる。僕はそのたびに「はぁい…」としおらしく返事をするのだが、でもそれを実行に移すことはほとんどない。なんだかピンとこないのだ、どうしても。

話は飛ぶが、今から五年ぐらい前、僕がカウンセリングの勉強に通っていた頃の話。同じクラスにいた五十代の男性が、「自分は毎週母親に電話をするのだ」と話していた。その方のお母様は群馬県在住で、お歳は八十代。週に一度は電話をしないと叱られるのだそうだ。それを聞いて、僕はとてもとても驚いた。世間一般の人たちって、そんなに頻繁に親に電話をするものなのかと。じゃあ自分はいったい何なのだ？　うちの状況はいったいなんなのだ？　そんなことをしばらく考え込んでしまった。考え込んでみたところで、何がどうなるわけでもないのだけれど。

また別の話。親戚の叔母さん（さっきの人とは別）と話をしていた時に、こんなふうに聞かれた。

「あんたんとこはみんなバラバラに暮らしとるけど、すごいなあって思うんよ。ずっと離れて暮らすなんてうちではようできん。そういう生活しとって、あんたさみしないの？」

でも僕は、そう口にする叔母の気持ちがよくわからなかった。その時僕が抱いたのは、「え？どれだけ離れて暮らしていても、家族は家族でしょ？」という感覚だった。たとえ地球の裏側（たとえばブラジルやらアルゼンチンやら）でひとり暮らしをしていたって、われわれが家族であることに変わりはない。離れて暮らしているから家族の絆が弱まるなんてことはあり得ないし、そんなことはこれまで一度も考えたことがなかった。

もちろん、その事実をもって「自分は家族に信頼感を持っている」とは言いきれないかもしれない。でも、少なくとも、「信頼感がなくはない」ということは言っても良いように思う。

家族について書いていて思い出したことがあるので、この機会にもうひとつ。

僕のひきこもり最盛期の話。当時の年齢は、たぶん二三、四歳。ある時ふと思い立って、子どもの頃のアルバムを見返したことがある。僕が産まれてからのすべてのアルバムを床に引きずり出し、ものすごい勢いですべての写真を見返した。

その時の僕は、「自分がこんなに苦しい思いをしているのは、自分が家族に愛されなかったからだ」と考え、その証拠を探そうとしていた。何を根拠にそう考えたのかは今となってはわからない。一時的にどうかしていたのかもしれないし、そう考えないことには人生やっていられなかったのかもしれない。そして、産まれた時のアルバムから順に、片端からページをめくり始めた。

傍目に見たら、いささか異様に映ったことだろう。

しかしその日、僕は自分が求めていた証拠を見つけることはできなかった。全然、まったく、これっぽっちも。自分が愛されなかった証拠なんて、砂の欠片ほども見つからなかった。それらのアルバムの中に収められていたのは、僕が求めていたものとはまるで逆の光景だけだった。

僕は落胆した。ひどい話だとは思うけれど、ものすごく落胆した。人生に迷ってこんなありさまになってしまったけれど、それは「親に愛されなかったからこうなった」わけではなかったのだ。それは長い目で見れば良いことに違いはないのだが、当時の僕にとってはつらい現実だった。親が悪いわけじゃない。家族が悪いわけじゃない。やはり自分の問題なのだ。自分でどうにかするしかない。それに気づいたことで何かが劇的に変わったわけではないが、でも何かのきっかけにはなった。早く言えば、ある種の腹の括りだ。そのことだけは断言できる。

さて、それでは最初の問いに戻ります。なんで今回、自分はこんなテーマで書いているんだろう？　まあ、その答えは次回のテーマに続くのですけどね。というわけで、この続きはまた次回。

（二〇一五年六月執筆）

家族という「溜め」
……縦・横・斜めのつながり

日々の相談を受けていて、最近強く感じることがある。それは、「家族や家庭の中に『溜め』

がある人は強いな」ということ。なお、ここでいう「溜め」とは、貧困問題に関わる社会活動家の湯浅誠さんが、『反貧困』（岩波新書、二〇〇八年）の中で提唱した言葉である。同書の中で湯浅氏は、「〝溜め〟の機能は、さまざまなものに備わっている」としたうえで、「十分なお金（貯金）」、「人間関係の〝溜め〟」（頼れる家族・親族・友人がいる）、「精神的な〝溜め〟」（自分に自信がある、何かをできると思える、自分を大切にできる）を挙げている。

特に明確な統計があるわけではないし、僕が感じる「なんとなく」の感想なのだが、家族に理解があって協力的だったり、家族仲が良好でよくコミュニケーションが取れていたり、あるいは、生活に困らない程度には経済的に余裕があったりすると、その人との相談はスムーズに進むような気がする。発達障害などの生きづらさを抱えている人でも、家族や周囲に理解があるとそれほど大崩れしないというか、不適応の幅が小さく収まるような印象がある。発達の偏りの度合いは同じでも、家庭の状況によって、ご本人の適応ぶり（不適応ぶり）に差が出ることを感じるのは、決して僕だけではないだろう。

逆に、家族や家庭に「溜め」がない場合は、なかなか相談がはかどらない印象だ。たとえば、家族に理解のない場合。何らかの課題を抱えていて、就労に向かうにはまだ時期尚早であるにもかかわらず、働くことを家族から急かされてしまうことがある。本人はまだ準備不足にもかかわらず、義務感から就活をして失敗し、自信をなくした挙句、就活に対してマイナスのイメージだけが残ってしまうというようなこともある。なんだかもったいない。

また、母子家庭などの片親家庭の場合。親も仕事に追われて余裕がないので、子どもが学校で不適応を起こしたとしても、なかなか相談に行くこともできない。情報不足になりがちだから、相談できる場があること自体をそもそも知らなかったりもする。力になってくれる知人や親戚がいれば話は別だが、それすらもない場合、親も孤立したまま、独りで悶々と悩み続ける。結果的に、状況が放置されて事態が深刻化することになる。相談の現場で見ていて、もう少し相談のスタートが早かったらよかったのになあ、情報があったらよかったのになあ、と感じることは決して少なくない。

この「溜め」の話でいえば、経済的な貧しさもそうだけど、それより孤立の問題のほうがよりいっそう深刻であるように僕は感じている。ネットやスマホでたくさんの人とつながっているように見えても、自分の困ったことは誰にも相談できない。打ち明けられない。縦・横・斜めのつながりというものがない。身近に参考になるような事例もないから、たったひとりで解決するしか方法がなくなり、結果、ひとりで孤独に悩み続けることになる。昔のことは知らないけど、でも前はもっと違ったんじゃないかな？　もっと人のつながりが密だったんじゃないかな？　考えても仕方のないことだけれど、でもやっぱり考えてしまう。いったい全体、どうしてこんなことになってしまったのだろう？「便利」な世の中になり過ぎたことで、人のつながりが希薄になってしまったのだろうか？

さて、この「溜め」というキーワードは、湯浅誠さんの言葉から拝借したものだが、このワードを知って以降、「結局のところ、いちばん大切なのはこの『溜め』なんじゃないか？」という思いが、僕の中で日増しに強くなっている。これはひきこもりの問題についても同じ。就労や社会参加がみんなの関心事になるのはいつの時代も同じだが、でも、それより大切なのは、この「人間関係の溜め」なんじゃないか？　僕が繰り返し言い続けてきたことって、つまりこれなんじゃないか？という気がしている。僕が「居場所」に妙なこだわりを持つのも、それと関連があるように思えてならない。人間関係の溜め、家族の中の溜め、何かあった時に打ち明けられたり相談できたり、頼ったり甘えられたりする関係。人と人とのつながり。そういう「溜め」がある人は、少々の困難にぶち当たっても持ちこたえられる。でも、そうでない人の場合は、たぶんそうではない。ここではまるで他人事のように書いているが、かくいう僕だってなんら例外ではないのだ。

話は少し飛ぶが、僕・岡本の話。

僕はここしばらく、「自分の中に『溜め』がないな、このままじゃまずいな」と感じてきた。ここ数年、あるいはここ数ヶ月間。人の相談には乗っているけれど、肝心の自分のことはずっと疎かになったままだし、そのことを独りで悶々と悩み続けてきた。対人援助職に就いているので、ほかの人の支援はしているけれど、家に帰ればなんにもない。「溜めが大事だ」なんてことを常日頃言っておきながら、肝心の自分自身に「溜め」がないんじゃ説得力がない。「ああ、いったいなんなんだこれは。救いがないな。終わってるな、俺」。そういう思いが強かった。

　でも最近になって、やっとわかったことがあった。いやいや、僕の中に「溜め」はあったのだ。それは家族。僕にとって、困った時になんだかんだ頼れる先だし、要所要所で僕は家族に助けられてきた。これまで特に意識する機会はなかったけれど、僕はずっと、家族という「溜め」に守られてきたのだ。今までそこに気づかなかったのは、家族というものをとりわけ意識する必要がないほど、僕にとって家族というものが当たり前の存在だったからだ。水や空気と同じようなものだ。

　世の中には、家族が壊れていたり、家族と不仲という人も少なくない。そんな中、僕みたいな例はかなり幸福な部類に入るに違いない。両親、祖父母、仲の良いおじやおばたち。この歳になってほぼ初めて実感することだけれど、僕にとって家族や親戚というのは、実に安心で貴重な存在なのだ。何も考えることなしに心を許せる存在なのだ。僕はそのことを幸福に思う。

　しかし、ひとつだけ問題がある。それは、「家族」という僕の中の「溜め」がいつまで持続するのかわからない、という点である。

　僕の家族もだんだん齢をとってきている。祖父は九二歳。両親やおばたちもみんな六十代前半から後半。いずれ彼らはこの世からいなくなる。確実にいなくなる。そう、うかうかしてたら家族自体がなくなってしまうのだ。家族がいなくなれば、僕のなかの「溜め」もなくなる。少なくとも大幅に減る。それは絶対に避けなければならない。そこに至って僕は気がついた。ああ、なんだ。自分は家族をつくりたいんだ。今ある家族が徐々にいなくなっていくなかで、今ある家族を延伸していく感じ。今あるものに継ぎ足して伸ばしていく感じ。今の僕はこれまでになく強く願う。僕が今まで家族からもらってきた大切なものを、なくすことなく保持していきたい。せめて自分がもらったものと同等のものを——「自分が受け取った以上のものを」などという贅沢を言うつもりはない——自分のあとの世代へと引き渡していきたい。それって贅沢なことだろうか？　分不相応な高望みだろうか？

もちろん僕はそうは思わない。それは僕にとっての当然の権利であり、ごく自然な願望であり、それと同時に、僕を育て、支え続けてくれた先達への心からの敬意なのだ。そして、だからこそ僕は、今こうして、このテーマに向き合っているのだろう。働きはじめてからちょうど十年。だいぶ回り道はしてしまったけれど、でもようやくにして、この段階まで到達できた。そのことを幸福かつ幸運に思いながら、僕はこれを書いている。さあ、あとは結果を出すだけだ。

（二〇一五年八月執筆）

第6章

この社会への違和感

肉まんあんまん
……それでいいと思うんだけど

「まあ、食べてみて甘かったらあんまん、そうじゃなかったら肉まんね」

僕が中華まんを買うと、お店のおじさんはいつも決まってこう返してくる。僕はこのやりとりが好きで、中華まんが欲しい時は、少し距離の離れたデイリーヤマザキまで歩く。もっと近いところに、セブンイレブンやローソンのお店だってあるのだけれど、どうもヤマザキのほうが好きなのだ。だってこのやりとり、ここのお店じゃないとできないんだもの。セブンやローソンだと、何かが違うんだよね。

肉まんをレジ袋に詰めてくれるおじさん（この人がオーナー）と一緒に、「甘かったらあんまん、そうじゃなかったら肉まんね」をハモる。ふたりで笑う。オーナーの奥さんもご主人とまったく同じことを言う。僕は思わずほっこりしてしまう。でも、お店のほかの従業員さんはこれを言ってくれない。だから、レジにおじさんもおばさんもいなかった時には、少しがっかりしてしまう。お店に行ったけれど、何も買わずに帰ってくることもある。ほかの従業員さんもあれをやってくれればいいのにね。まあ、それを口に出して言ってみたことは、まだ一度もないんだけれど。

たぶん、こういうやりとりって、セブンイレブンやローソンじゃできないんじゃないかな。やるならデイリーヤマザキとかミニストップあたり。いや、きっとやっても良いんだろうけど、「やったら怒られるんじゃないかな」みたいな空気が浮かんでいる。それはたぶん、客ではなく店員さんのほうに。窮屈な世の中だ。

そういえば、「はい、お釣り三百万円ね」みたいな返しをしてくるおじさんも、今は少なくなった。絶滅したわけでもないだろうけど、ほとんど見かけることがない。これもなんとなくのイメージだけど、こういうやりとりは個人商店でないとやれない気がする。規模の大きなお店だと、何かが馴染まない。大資本のお店にあるのは、よく整備された画一的なマニュアルと、「そこからはみ出さないように／みんなと同じように」といった、そこはかとなくも強迫的な空気感だ。

コンビニの接客に個性の発露は期待されない。そして、そういう大規模資本のコンビニが、大手三社だけで、全国に四万店舗以上も存在しているわけです。そういうものに常日頃から触れていたら、「仕事ってそういうものなんでしょ？」とか思ってしまいそうだ。「会社に自分を合わせるのが仕事だ」みたいにね。効率的なやり方や、整備されたマニュアルに馴染まない人はきっと弾かれてしまう。「ヘンな人」が生息しにくい世の中。まったく、これだけ個性を消す社会をつくっておいて、何が「個性を伸ばしましょう」だか。「みんな違っていてあたりまえ」ではないから、少しでもみんなと違うと、途端に不安になってしまう。

僕は不登校になったことがないからわからないけれど、でももし、「みんな違っていてあたりまえ」の世の中だったら、学校に行きづらくなる子どもは今よりもだいぶ減るんじゃないだろうか。「学校に行く人もいるし、行けない人だっている。学校に合う人もいれば、合わない人だっている。そういうもんでしょ?」それくらいユルくて寛容な社会になったら、学校に行けないことに悩み苦しむ人だって少なくなるように思える。そうでもないのかな?

（二〇一六年五月執筆）

〈後日附記〉

「食べてみて甘かったらあんまん、そうじゃなかったら肉まん」。それでいいじゃないですか。ねぇ? そういうおおらかな世の中であって欲しいな、と思います。

大雪のあとで
……体験を通したフィジカルな自己理解

二〇一四年二月八日、首都圏は四十年ぶりとも言われる大雪に見舞われた。

その日は午前中から仕事があって、朝の九時ぐらいに家を出発した。その日の未明から降り始めた雪は少しずつ積もり始めていて、僕が家を出た時には、うちの近所の道路でも五センチほどの積雪になっていた。はじめは「そんな大ごとにはならないだろう」とたかをくくっていたのだが、僕が仕事を終えて建物の外に出る頃には、雪はみるみるうちに積もり、あたり一面を真っ白な世界へと変えていた。

大雪と暴風雪警報は早めの帰宅を促していた。しかし僕は、「電車が止まるほどのことはあるまい」と油断をして、昼過ぎに仕事が終わったあとも、ずっとみなとみらいの辺りをぶらぶらしていた。人混みが嫌いな僕にとっては、人が少ないほうが買い物に好都合だったのだ。

だが、大雪の影響は予想よりも大きかった。みなとみらいの商業施設は、軒並み夕方の六時で閉店。仕方なく横浜駅に戻って、帰宅のための電車に乗ることにした。しかしそのタイミングで、電車が動かなくなった。架線事故の影響で全線が不通。続いて、「復旧には夜八時頃までかかる見通し」という構内アナウンス。げげ、弱った。運転再開まではあと一時間半もある。これからいったいどうしたらいいんだろう？　こんなところなら道草なんか食ってないで、早く家に帰ればよかった。

その後、僕が最寄りの駅に帰り着いたのは夜の八時半過ぎ。住宅街には車は一台も走っておらず、降り積もる雪の音が聞こえそうなくらい、あたりはしんと静まり返っていた。深いところでは三十センチ以上もの積雪。とてもじゃないけど、車が走れるような状態ではない。

翌日の最初の仕事は、もちろん雪かき。幸い雪質が軽かったので、さほど大変な作業ではなかったが、なにしろ雪の量が量である。ひとりでの作業はなかなか捗らなかった。

ぶつぶつ文句を言っても始まらないので、黙々と一人で雪かきを続ける。すると、向かいの家のおじさんが声をかけてきた。しばらくのあいだ雪かきの手を休めて、二人でとりとめのない立ち話をしたが、そのうち、「人がひとり通れる分だけでいいから、歩きやすい道を作ったほうがいいだろう」という話になった。目の前の雪道を歩くお年寄りや主婦の方がひどく歩きにくそうにしていたからだ。

向かいの家のおじさんとふたりで黙々と道路の雪をよける。一〇分ぐらい作業をしていると、どこからともなく近所の人たちが手にスコップを持って、ひとり、またひとりと、少しずつ集まってきた。たぶん、ふたりの雪かきの音が聞こえて気になったのだろう。

少し仲間が増えたので、役割分担をしながら作業を進める。よけきれない雪は下水のマンホールを開けて全部そこに流す。みんなでわいわい話しながらやり方を決めていき、道路脇に雪をよける。人が一人通れる分の道を作って、車が出入りできるだけのスペースを確保。ゴミ置き場のまわりの雪をよけたあとは、溶けた水が流れるための水路を作る。人手が多いと仕事は早い。気がついた時にはアスファルト色の道路が顔を出し、辺りの雪はほとんどなくなっていた。作業開始から一時間足らずのことだ。

ふだんあまり体を動かさないからかもしれないが、こうやって雪をかくのは楽しかった。身体を動かしたあとの清々しさもあったし、自分たちのやったことが形になって現れたことにも達成感があった。道を歩く人から「ありがとうございます」と言われれば、もちろん嬉しくなるし、ふだんはあまり接することのない近所の人と一緒に何かひとつの作業をするのは、意外なほどの充実感があった。「雪かきをしなければ生活に支障が出る」という必要にかられて始めたことだが、逆にこういう必要に迫られることで、人はこうしてつながりあい、声をかけて仕事ができるのかもしれない。

こうして、半日ばかり家の前の雪かきをしたあとの夕方、僕はしばらく考え込んだ。もし今回の雪かきみたいな出来事が身のまわりにたくさんあったら、子どもや若者はもっと社会に出やすくなるのではないかと。

こういう日常生活の中で体を動かし、作業を進め、協力しながら達成感を味わう。実際の作業と経験の中で自信を身につけ、周囲の人たちから認められていく。こういう体験を経ていくことで、周囲の人たちに声をかけていくことに次第に躊躇を感じなくなる。いつのまにか仕事の進め方を教わり、人に教え、周囲の人との比較の中で、自分が得意な分野とそうではない分野とを発見していく。こういう機会が子どもの頃から身近にあったら、自分が社会に出るうえでの向き不向きや職種を考えるのは、もっとずっと容易になるように思えた。逆に言えば、(これは僕らの世代も含めての話だが)、今はそうした経験をするチャンスが極端に少ない、ということになる。

こういう「体験を通したフィジカルな自己理解」というものは、塾や学校の教室に座って勉強だけをしていてもまず身にはつかない。まして、長期間社会から遠ざかって孤立した生活を送っていたら、なおさら身につかない。部屋にひきこもって「自分とは何か?」と哲学的に考えてみたところで、自分が何者かなどというのは、結局わからないものだ。少なくとも僕はそうだった。

そういえば、今回の雪かきのメンバーの中には、子どもの姿がなかった。みんな大人ばかり。

我々が雪かきをしているあいだ、それも学校のない日曜日の昼間に、近所の子どもたちはいったい何をしていたのだろう？　部屋でゲーム？　スマホ？　まさか学習塾？　ぜんぜん見当がつかない。

きっと、今の世の中は便利になったのだろう。いや、便利になり過ぎたのかもしれない。経済的に豊かになり、機械化と情報化が進んだ。個性やプライバシーが尊重される反面、孤立化が進んだ。生身の経験が減り、ロールモデルになるような大人と出会う機会も減少。僕らが生きづらさを感じるようになったその背景には、そうした社会の変化も関係があったように思える。便利ではあるが、ある意味、生きにくい世の中だ。

しかし、この流れが止まることはあるまい。昔のような社会に戻ることも、たぶんきっと起こらない。時計の針は前にしか進まない。スマホもインターネットもなくならない（十九世紀に発明された電話や電灯が、なくなることなく今も存在しているのと同じように）。そして、人や社会との関係が希薄になった世の中で、生きづらさを感じる若者は今後も増えていくだろう。

ではその中で、我々はどうしていけばいいのか？　その答えは僕も持っていない。ただひとつだけ感じるのは、このことだって、ひとりで哲学的に考えを巡らしていたって、たぶんどこにもたどり着かないだろうということ。みんなで話して知恵を出し合っていったほうが、何かおもしろいことが起きそうな気がする。

（二〇一六年二月執筆）

猫の手も借りたい？

……「昔は良かった」と言いたいわけではないが

一昨年（二〇一二年）の五月くらいのことだが、『わが母の記』という映画を観た。

原作は昭和の文豪・井上靖の同名小説。静岡県の天城湯ヶ島出身である井上靖が、老いて記憶を失っていく母への思いを綴った作品の映画化で、主人公の作家（伊上洪作）を役所広司が、その母の八重を樹木希林が演じている。その周りを固めるキャストは、宮﨑あおい、南果歩、赤間麻里子、ミムラなど。

今、僕の両親は、母の実家がある伊豆の山奥でわさび農家を営んでいるのだが、その伊豆に住む母がこの映画を観て「良かった」というので、なんとなく「観てみようかな」という気持ちになった。そして実を言えば、僕がこの映画を観てみようと思ったいちばんの決め手は、この映画の中でうちの実家のわさび畑が映っているということだった。それがなかったら、わざわざ映画館に足を運ぼうとは思わなかったかもしれない（ちなみに、二番めの決め手は、宮﨑あおいが出演していたこと）。

僕が向かったTOHOシネマズは、日曜日のレイトショーだったこともあって、客の入りはかなりまばらだった。終演後に客電がついてわかったことだけれど、客の年齢層も比較的高めである。まあそりゃそうだよね。それほどのヒット作品ってわけでもないし、そもそもこれ、若い人向けの映画じゃないし。

うちの実家のわさび畑は本当に出てきた。しかも冒頭。

より正確に言えば、うちの畑だけじゃなくて、あたり一帯の沢が映るわけだから、「うちの実家のわさび畑」という言い方は正しくないのだけれど、映画の中に自分の見知った風景が出てくるというのは、どことなく嬉しいものだ。昭和三四年という舞台設定らしく、レトロな雰囲気のボンネットバスが出てきたりして、なかなか良い雰囲気を醸し出している。

作中では天城湯ヶ島という設定になっていたけど、「ここは湯ヶ島じゃなくて筏場だよね」とか、「昭和三四年のわさび沢に（資材運搬用の）モノレールが映っているのはまずかろう」みたいな、地元のわさび生産者以外にはわからない意地悪な茶々を入れられたりするのもちょっと楽しい。まあ、モノレールの線路を見てあれが何かを認識できるのはごく限られた人だけだから、あれが映っていたところで映画的には特段支障はないのだろうけれども。


この映画を見て僕が感じたこと。

映画のストーリーやわさび沢とは何の関係もないことだが、全体に、家族の構成人数が多いというか、ずいぶんたくさんの人が出てくるのだなあと感じた。

たとえば映画の序盤。世田谷の家で、洪作の新作小説の出版準備を一家総出で行うシーンなどがそうだ。あのシーンはまさに「猫の手も借りたい」的な状況で、家族全員がわらわらと出版の作業にいそしんでいる。もちろん、出版の作業はすべて手作業。全部人力。人海戦術。家族の構成人数が多いせいなのか、コミュニケーションの量も多い。怒鳴ったり叫んだり、人にものを頼んだり頼まれたり、とにかくいろんなことが起きる。

年配の人にとっては、これはさほど驚くことではないのかもしれない。でも僕にとっては、この人の多さみたいなものが妙に新鮮だったし、また同時に、いくばくかの驚きでもあった。なにしろ、家族の中に手持ち無沙汰な人がいないのだ。

もうろくしたおばあちゃんのお世話係だったり、お手伝いさんや車の運転手だったりと、家族ひとりひとりに何がしかの役割があてがわれている。立っているものは誰でも使わないとやっていけないという事情もあるのだろう。機械もコンピューターもなくて、今の時代から見たら不便な時代ではあるけれど、でもそこには人間どうしの豊かな関係性があるように僕には感じられた。

しかし、今の時代はあまりそうではない。全部機械がやってくれるから、「人手がたくさん必要」ということ自体ずいぶん少なくなった。伊豆にあるうちの田舎でも今はすっかり機械が主役だ。春の田植えでも秋の稲刈りでも、ほとんどの作業は機械がやってくれる。僕が子どもの頃には、みんなで田んぼに繰り出して手分けして稲を刈ったり、藁を干したりしたものだが（まだおチビの僕にも何らかの仕事が与えられていた気がする）、いつのまにかそういう光景も見なくなった。今では稲刈りの季節になっても、「人は足りてるから今年は来なくても大丈夫だよ」とか言われる始末である。まあ僕にとっては、週末に横浜と伊豆とを往復する手間が省けるわけだから、それはそれで良いようなものかもしれないが、でもなんとなく淋しい気持ちにはなる。子どもの頃にみんなと一緒にやった作業が時折懐かしくなる。

世の中で機械化が進んだせいなのか、あるいは人間どうしの結びつきが少なくなったせいなのかはわからないが、人間がやる仕事が徐々に減ってきているように感じる。駅の改札も今はみんな自動改札だし、最近のスーパーに置いてあるセルフレジなんかにもそれを感じる。僕はあのセルフレジというやつがわりに好きで、見かけるとつい使いたくなってしまうたちなので、あまり大きなことを言えた義理ではないのだが、「ああいう機械が普及（増殖）するのってどうなのかなあ？」ということを思わないでもない。

ああいった機械が導入された結果どうなるかといえば、その分人間の仕事が減る。人手が要らなくなる。人件費が減ることで品物は安くなるから、消費者のメリットだって大きいのかもしれないが、その反面、仕事や求人が少なくなるというデメリットも存在する。いくら物価が安くなったって、仕事がなくなって収入が途絶えてしまっては元も子もない。セルフレジに限った話ではないが、長い目で見た時に、目先の便利さと引き換えに、何か大きなものを譲り渡してしまっているのではないかという薄ら寒い予感がある。

そして、これは考えが悲観的に過ぎるのかもしれないが、誰にでもできる比較的簡単な仕事が機械に取って代わられるということは、結果的に、若い人たちが仕事に触れる機会を奪うことになりはしないかと僕は危惧する。昔に比べて仕事に触れる機会が結果的に少なくなったことが、

「就職」という壁の前で立ちすくむ若い人を生み出す一因になってはいないだろうか？

別に僕は、「昔は良かった」だとか、「昔に戻るべきだ」などということを言いたいわけではない。昔には昔の不自由さがあっただろうし、いまさら時計の針が過去に戻らないことも承知している。しかし、どこかに違和感があることもまたたしかだ。でもどうしたらいいのかについては、僕もわからない。うーん、なかなか難しいですね。

（二〇一四年四月執筆）

地域の中の居場所
……豊かな世界

「とても豊かな世界だな」

「うまく言えないけど、なんだかとっても、居場所だな」

その番組を見て、僕はそんな感想を持った。

「その番組」とは、ＮＨＫの「ドキュメント72時間」。毎週金曜日の夜にやっている三〇分番組だ。あるひとつの場所に、三日間カメラを置いてみる。七二時間のあいだ、同じ場所を見つめる。一見、退屈なように思えて、これがなかなかおもしろい。知らない人はぜひ一度見てください。

僕は毎週、録画予約をして見ています。

その「ドキュメント72時間」。二〇一五年五月十五日放送回は、神戸の下町、兵庫区にある小さな駄菓子屋が舞台だった。十円玉を握りしめて、何を買うか真剣に考える女の子。共働きの親が帰ってくるまで店先で過ごす男の子。夜になると、今はすっかり大人になったかつての子どもたちが、懐かしい時間に浸りにやってくる。そんな、昔ながらの小さなお店。現在九三歳になるおばあちゃんの時代に店を始めて五十年。娘と孫に受け継がれて、今は孫の由紀さん（通称：「ねーちゃん」）が店を切り盛りしている。

ある日の午後、中学生になった女の子が、「ねーちゃん」と話をしている。「学校がめんどくさい」と彼女は言う。いかにも「毎日がつまらない」といった、浮かない表情。「ねーちゃん」に話しているのは、たぶん、親には話しにくい種類のことがらだろう。親にも先生にも聞かれないところで（あるいは親にも先生にも聞かれないところだからこそ）、彼女は本音を話す。「ねーちゃん」はただ、その子の話を聞いている。何も誘導しないし、何も解決しない。でもこころなしか、その子の表情が緩んでいくのがわかる。もし「ねーちゃん」が話を聞いてくれていなかったら、この子は学校に行きづらくなったり、あるいは不登校になっていたかもしれないな、と僕は感じた。

この番組の中で、もうひとり印象に残った人物がいた。それは、「ケンちゃん」という中年の男性。毎日、空き缶拾いの仕事をしている。軽い知的障害か精神障害がありそうに見える方だが、彼のような人が、ごく普通に店に出入りしている。小学生の子どもたちと、ごく普通に接している。そこに特別な感じはない。ケンちゃんとの交流を通して、子どもたちはケンちゃんのような人が普通に社会に暮らしていることを知る。ケンちゃんもごく普通に地域に溶け込んでいる。そこに排除の感覚はない。

たぶんむかしは、これが当たり前の光景だったのだろう。地域にはさまざまな人が暮らしていて、子どもたちは自分たちの目でそれを見て、社会のありようを学ぶともなく学ぶ。親でもなく、先生でもない、斜めの大人たちとの交流。悪いことをしたら他人の子でも叱ってくれるし、良いところがあればきちんと褒めてくれる。面倒なしがらみもあっただろうが、良い意味でのおせっかいもあった。ことさらに「絆」なんてことを言わなくても、地域につながりがあった。でも、今の世の中はたぶんそうではない。ある意味貧しい世の中だ。

たかが数十円の商品を扱う町の駄菓子屋。経済的にいえば、たいした売り上げが出るわけではない。資産価値だってたぶんない。でもそこには、お金では計ることのできない豊かさがある。つまりそれは、多くの世代が交流し、愚痴や本音が吐ける安心な居場所。たくさんの大人に出会うことができて、大人への道すじを肌で感じ取ることのできる場所。湯浅誠さんの言葉を借りれば、この駄菓子屋さんには「溜め」がある。たしかに、この国は経済的には豊かになった。しかし、この漠とした生きづらさの根っこにあるものはいったい何だろう？　不登校やひきこもり、果ては、いま注目の貧困問題にしたって、単なる経済問題ではなく、社会におけるつながりが失われたことと決して無縁ではないと思うのだけれど。

さて、いささか話が飛ぶようだが、ここで「ハピスク」の話をしたい。なぜかというと、「ハピスク」というところは「貴重な居場所だよな」と僕が感じているから。

知らない人もいると思うので解説すると、「ハピスク」とは、横浜市が設置している施設のひとつである。正式名称は「ハッピースクエア」。小・中・高校生を中心に、青少年が安心して気軽に集う場や、さまざまな体験交流の場になっている。

いや、僕だって、はじめからハピスクが「貴重な居場所だ」などと考えていたわけではない。むしろ最初は、どういう存在の場所なのかわからなかった。でも、この保土ヶ谷にある「ハピスク」が地域の中に定着して、小中学生や近所の大人たちが利用している姿を目にするにつれて、「あれ……?」と考えるようになった。

「ハピスク」の居場所性を僕がいちばん強く感じるのは、マスターの齋木茂生さんと子どもたちとのやりとりを見ている時。うまく言えないのだが、齋木さんは子どもたちをあまりお客さん扱いしない。挨拶はしっかりさせるし、最低限のルールも定める。ダメなことはダメとはっきり言う。でもそのことで齋木さんが子どもたちに恐れられているかといえば、決してそんなことはない。むしろ、結構いろんなところで子どもたちにいじられている。その様子からは、子どもたちがマスターに気を許していることがわかる。きっと何かがちゃんと伝わっているのだろう。子どもって、見てないようでちゃんとわかっているから。まあ、さくっと言えば、そこに愛があるんですね。

たぶん子どもたちにとっての齋木さんは、親でもなければ学校の先生でもない、「斜めの大人」なのだろう。その姿はちょうど、冒頭で紹介した、駄菓子屋の「ねーちゃん」のそれとダブる。そういえば最近、こういう大人が少なくなったよな。今の世の中では、たぶん貴重な存在なのだと思う。

もちろん、「ねーちゃん」のいる神戸の駄菓子屋さんとハッピースクエアとでは、そもそもの成り立ちも違うし、運営している人だって違う。でも本質的な機能としていえば、かなり近しいものを持っているんじゃないだろうか。学校みたいに「ある特定の世代だけが集まる」のではなく、小学生から大人までの多くの世代が集まるところ。みんなが安心して本音が吐ける居場所。家とも学校とも違う、いわば第三の棲み家（サードプレイス）。

そんなの過大な評価だよ、と言われるかもしれない。その意見に対し、特に反論はしない。でもきっと、このような場所を通して、子どもたちは自分たちが大人になった時の姿をイメージしていくのだと思う。小学生は中学生を見ているし、中学生は高校生を見ている。そしてそのみんなが、居場所に出入りする大人を見ている。もちろん、大人は子どもたちのことを見ている。その循環。

もし「ハピスク」に三日間カメラを置いたらどうなるだろう？　たぶん、ＮＨＫの「ドキュメント72時間」として、ごく普通に成立すると僕は思う。ＮＨＫさん、取材に来てくれないかなあ。

（二〇一七年二月執筆）

〈後日附記〉

二〇二三年現在、齋木さんは「ハピスク」のマスターを退かれ、他の分野で活躍されています。

わたしたちよくやってるよ
……紛うことなきひとつの達成

こないだの一月十九日は、十年来の友人の誕生日だった。

彼女は今は横浜を遠く離れて暮らしているけれど、誕生日が一一九番の日で覚えやすいのと、こないだの年末に、同じグループの忘年会で会ったばかりなので、何年かぶりにおめでとうメールを送ってみた。

彼女とは二〇〇〇年かその前の年に、当時東京にあった「とびらの会」という、ひきこもり当事者の自助グループで出会った。それからの付き合いだから、もう十三年ぐらいになる。時の経つのはずいぶん早いものだ。

僕が送ったのは、「もう三十九歳だねー。もう冷える歳なので、おばちゃん風邪引かないでね」的な、半分嫌がらせに近いようなメールだ。お互い気心が知れてないとなかなかこういうことはできない。相手を間違えたら、まず確実にぶっ飛ばされる。

まあ向こうは向こうで、「おじちゃん風邪引かないでね」みたいなことを、こないだの年末にさらっと文末に入れてきたくらいだから、どっちもどっちというところである。

そんな彼女と話していて、「それにしても、みんなよくこの歳まで生き延びたよなー」、みたいな話になった。彼女も僕も、あるいはこの十年来の付き合いの仲間全員は、元々ひきこもりの経験があって、僕らが知り合った当時（僕が二五歳の頃）には、自分がアルバイトしてるところなんか全然想像がつかなくて、というかそもそも、十三年後にこうして生きてることの想像自体がつかなかった。

すっげぇな、と思う。

あれから十三年も経ったのに、うちらまだ生きてるよ。

まだ生きてて、ギリギリながらも社会の端っこに参加してて、各々働いたり家庭を持ったりなんかしてる。当時の仲間といまだにつるんでる。さっきの誕生日の彼女にしても、今では二歳だか三歳の子どもの母である。

ほんと、これは何度でも繰り返すけれども、十年前の僕らには、今の自分たちの姿なんてとても想像がつかなかった。十年後の自分を想像しろとか言われたって、そこには何も絵が浮かばなかった。来年生きてるかどうかもわからないのに、十年後を想像するだなんて、とうてい無理な相談である。

たしかに今の自分たちの姿は、かつて学生の頃に思い描いたものとは違ったかもしれない。以前の理想とはかけ離れたかもしれない。でも少なくとも、僕らは今でもこうして死なずに生きている。そして、その事実から考えれば、メンバーの多くがここまで来たというのは、これは僕らのグループにとっての紛うことなき達成なのだと思う。それが偶然の帰結であれ、必然の結果であれ。

ただ、これを読んだ人の誤解を避けるために、ひとつだけ注釈をしておきたい。

僕らのグループのメンバーには、現在働けていたり、家庭を持っているメンバーが数多くいるけれど、だからといってそれが「正解」であるとか、「目指すべき正しい在り方」ではないということだ。

たしかに、働けていること自体はひとつの目安ではあると思う。目安ではあると思うけれども、僕はそれが唯一絶対の目標だとは考えていない。特に最近、そう考える傾向が強くなった。「別に働かなきゃいけないってわけでもないだろう」と。

病気や障害、家庭の事情など、さまざまな理由で働けない人だって実際にいるわけだし、昭和の三十年代、四十年代には、なぜだかよくわからないけど働かずにぶらぶらしてる大人が近所に結構いたという話も耳にする。もちろんそういうのは地域の特性にもよるのだろうが、働いてない大人がいるというのは、かつてはそれほど奇異にして特別なことではなかったらしい(『男はつらいよ』のフーテンの寅さんだって、一応働いてはいるけど、それに近い存在だったかもしれない)。

それがいったいどうして、いつのまにか「働かざるもの食うべからず」の世界になってしまったのか。どうしてそんな余裕と隙間のない世の中になってしまったのか。その世間の「働け」プレッシャーがあるがゆえに、いったいどれだけの若い人たちが心の苦しみを負わされてきたことか。もし仮に、そのプレッシャーが今より弱いものであったなら、どれだけの人がもっと気楽に社会に踏み出せていたことだろうか。今言っても詮無いことかもしれないけれど、でもそういうことを考えないわけにはいかない。

そういえば昔、司馬遼太郎の『街道をゆく』シリーズを読んでいた時に、ある部落だか地域の中に、「大人が十人いたら、そのうち一人は働けない状態の者がいるものだ。だからほかの九人は、みんなで働けない者を支えていかなければならない」みたいな考え方があるというのを目にした。そういう考え方をその地域ではなんとかという名前で呼んでいたのだけれども、僕が『街道をゆく』シリーズを読んでいたのはもう十五年くらい前のことだし、あのシリーズはやたらと巻数があるので、どこでそれを読んでそれがどんな言葉だったのか、もうすっかり忘れてしまった。いまだにどうしても思い出せない(うろ覚えだが、たしか和歌山か三重のあたりだった気がする)。でも、そういう考えが昔から日本にあったんだということを知って、僕としてはずいぶん安心したのを今でも覚えている。

まあ何にせよ、余裕と隙間である。

良い意味でのいい加減さ。適当さ。「締める」のではなく「緩める」ほうの発想。不完全であることが許容される社会。フーテンの寅さんが生きていけるような隙間のある社会。

働くことの是非についてはこれくらいにしよう。本題から大幅に逸れてしまった。

うちのグループの初期メンバーは、現在の進路の方向はいろいろだけど、この十年以上、誰ひとり欠けることもなくこうして生き延びている。これって結構すごいことだと思う。

「しかしうちらも今年で三十九歳か。それにしても、みんなよくこの歳まで生き延びたよなー」

「ほんと、しぶとく生き延びたよね（笑）。あの時は十年後なんて想像もつかなかったもんなー。みんなよくがんばってるよ。えらいよ」

ほんとそうだと思う。そりゃあ毎日生きてれば、嫌なこともムカつくこともたくさんある。落ち込むことも凹むこともしばしばだ。でもこうして、「うちらよくやってるよねー」って言える仲間がいるっていうのは、ひょっとしたらうちらにとってのいちばんの財産かもしれない。そんなことをこないだふと考えた。

うん、みんなよくがんばってるよ。

よく生き延びた。えらいよ、ほんとに。


（二〇一三年二月執筆）


〈後日附記〉

働くとか結婚するとか、いろいろあるかもしれないけれど、ただ死なずに生き延びていくということ。それだけでじゅうぶんな価値があるんじゃないかという気がしています。

第7章

この経験を伝えるということ

大人の背中
……子どもの時は親の背中、思春期以降は他人の背中

先日、横浜市の青少年相談センターの企画で、センターに通っている若者を対象とした、『大人』と語ろう」という会に呼ばれて話をしてきた。

横浜市の青少年相談センターは、不登校やひきこもりなどの悩みを抱えた若者やご家族を対象とした相談施設で、電話相談や来所相談のほかに、若者グループや家族勉強会などを実施している。

そんな相談センターの企画には、以前から何度か呼んでもらっていたのだけど、今回の企画は特におもしろいと思えたので、依頼が来てから、即、引き受けさせてもらった。なんといってもテーマが良いじゃないですか。「大人」とカギ括弧がついているところがミソですね。世間ではもっともらしく「大人」なんて呼ばれているけど、実はそんなにすごいものじゃないんだよ、こんな大人もありなんだよ、こんな人でも社会人やれるんだよ、という隠れたメッセージが伝わってくるようだ。

今回のこの企画は、五週連続の続きもので、あろうことか僕は、「ひきこもりから恋愛へ」などという世にも恐ろしいテーマで、しかも全五回のトップバッターを仰せつかった。単にひきこもりの体験談ではなく、「ひきこもり＋恋愛」のテーマでお話をすることはまったく初めてだっ

たので、僕にとっては実に刺激的な体験になった。できればこういうの、またどこかでやってみたいと思う。

ところでこれは、『「大人」と語ろう』の中でも話したことだけれど、僕が最近考えることのひとつに、「今の大人はカッコイイか?」というのがある。今の大人に魅力はあるか? 「自分もいつかああなりたい」と思わせるような大人が身近にいるか? というか、そもそも大人になりたいと思うか否か?

残念ながら僕の場合、身近にそういうナイスな大人がいなかった。サラリーマンである父を見ても「カッコイイ」とは思えなかったし、子どもの目から周囲の大人を見ても、「ああなりたい」とは思えなかった。その結果、将来のビジョンが描けなかった。そしてそのことが、僕が進路に迷ってひきこもる要因のひとつになった。「カイシャ」という以外、職業に対するイメージも持てなかったですし。

これはどれだけの人が賛同してくれるかはわからないけれど、この国では大人の目があまり輝いていないように思う。大人が楽しそうじゃない。毎日しんどそうに生きている。人生を楽しんでいない。ただ満員電車に揺られて家と会社を往復する日々。子どもに「夢を持ちなさい」とか言っていても、当の大人が毎日つまらなさそうに生きてるんだったら、これは説得力ないですよね。「物や情報などはたくさんあるが、この国には希望がない」という趣旨のことを言ったのは作家の村上龍だが、それはわりに的を射た意見であるような気がする。残念ながら。

いや、カッコイイ大人ならたくさんいると言われるかもしれない。子どもが憧れるような優れた大人が。でもそれはたいてい、松坂大輔や中村俊輔のような「テレビの向こうのスーパースター」だったりする。もっと身近で、実際に参考にできるような等身大の大人のことではない。あたりまえのことだが、誰しもがフェンウェイ・パークのマウンドで投げられるわけではないし、ヨーロッパ・チャンピオンズ・リーグのピッチに立てるわけではない。あのマンチェスター・ユナイテッドを相手に、フリーキックでゴールを決められるわけではない（あの完璧なフリーキック！）。

つまり大切なのは、実際にモデルとできるような身近な大人がどれだけいるかという点である。たとえばそれは、近所のお兄さんとか、バイト先の先輩とか、そういう人たち。もっとローカルヒーロー的な大人と言うべきかもしれない。親や教師とはまた違う、そういったカッコイイ大人と触れあう機会が子どもたちにとっていったいどれだけあるだろうか？　ちょっとそういう機会が閉ざされすぎてはいやしないだろうか？　最近はそんなことを考えている。少なくとも僕はそうだったので。

作家・田口ランディさんのエッセイ（「17歳の頃、何してました？」）の中に、「子どもの時は親の背中を見て育ってきたけど、思春期以降は赤の他人の背中を見て生きてきた」という記述がある。

僕はこれを読んで、「すげぇ、そういうことが言えるランディさんってカッコイイ」と思った。

それと同時に、十代の時からそういうカッコイイ大人にたくさん会ってきたことをとても羨ましく感じた。僕がそういう大人に、ようやくながら出会うようになったのは、ひきこもりから抜け出た二十代後半になってからのことだったから。

僕も一時期は、こんな社会を作った大人を恨んでいた。でもいつのまにか僕も三二歳。今度は自分が「大人」として見られる番だ。いや、もうすでに見られているのかもしれない。彼らのモデルになんてものにはなれないだろうけれど、でもせめて「こんな大人もありだよ、こんな生き方でもありなんだよ」ということを身をもって伝えられたらな、と思っている。

（二〇〇六年一二月執筆）

生きなおし
……何かが、ぐるっと、ひと回り

先日、大学のキャンパスに行ってひきこもりについての講義をしてきた。

対象は大学三、四年生で、内容は「社会的ひきこもりを考える」というもの。去年も同じ講座をやらせてもらったのだが、僕自身とても楽しみにしている講座である。

内容は「ひきこもり」についてのごく基本的な解説なのだが、若いだけあってみなさん柔軟だなと思う。これはメディアの影響なのか、ひきこもりについては「甘え」や「怠け」というイメージを持っていた人も少なくなかったが、実際の心情やつらさを伝えると、さっと価値観を変えてくれる。十代から二十代前半ぐらいの人というのはとにかく柔軟だし、変化のスピードが早い。しばしばこっちがそのスピードについていけないくらいだ。「あれ、自分にもこんな時期があったんだっけ？」などと戸惑ってしまう。

実は今回の講義以外にも、ときどき大学生を相手に話をする機会をいただいているのだけど、実はここ何年か、僕の中で大学生がおもしろいんです。ブームなんです。学生と触れ合うことがおもしろいし、楽しい。以前だったら大学にはネガティブなイメージしか持てなかったのが、ここ数年は大学というものに対して、「もう一度向き合ってみたいな／向き合ってみてもいいかな」という気持ちが芽生えてきた。大学生相手の仕事を引き受けているのはそういう理由もあってのことである。うまく言えないのだけど、大学卒業から十年が経って、何かがぐるっとひと回りしたのかもしれない。

そう、「何かが、ぐるっと、ひと回り」。

「以前だったら大学にはネガティブなイメージしか持てなかった」と書いたけれど、これはまぎれもない事実だ。ここ三年ぐらいは別としても、それまでの僕にとって大学というのは向き合う対象ではなく、目を背けて考えないようにするものだった。なにしろ、ひきこもっている最中は毎日毎晩確実に悪い夢を見たし、しかもその内容は常に学生時代の友人に軽蔑される／馬鹿にされるという内容だったから、大学に良いイメージなんて持てるわけがなかった。かつて通ったキャンパスに足を向けたことは卒業して以降一度もないし、とてもじゃないけどそんな気は起きなかった。去年初めて大学で講義をさせてもらった時には、違う大学の構内とはいえ、「かつてのあの嫌な記憶が甦ったらどうしよう」と結構まじめに心配していた。ところが教室に入った途端に、そんなことはすっかり忘れている。「ここに居られて嬉しい」とさえ感じる。そう振り返ると、十年という時間は結構な力を有しているのかもしれない。

さきほど対象が大学三、四年生の講義と書いたけれど、対象がこの年代であるということも僕がおもしろさを感じる理由のひとつかもしれない。

三、四年生といえば、ちょうど就職活動中か、これから就活を控えている学年。僕自身が躓いた時期にも合致するし、ゆえにその挫折の経験を伝えやすい。「こういった講義を通して十年前の自分に何かを語りかけている」というと話がちと大げさなんだけど、でも何かそれに近いものがあるように感じている。あるいはこうして大学生を前にして話をすることで、自分の中のもやもやを解消しようとしているのかもしれない。そしてそれは、大学生を相手にしないことには解消できないことなのかもしれない。それを経ないことには、僕自身が先に進めないのかもしれない。いずれにしろ、大学というものに対して、僕はいまだに大きな「もやもや」を抱えているみたいだ。

それにしても、かつてはあれだけ目を背けたかった大学に「向き合ってもいいかな」と思えるまでになったというのは、我ながら大きな展開だと思う。僕が大学に向き合えるようになった理由はいくつかあるのだけれど、もっとも大きいのは、やはり時間が経ったことだろう。失恋した時のいちばんの薬はやはり時間の経過なわけだが、それと同じで、「時間が経って物事を冷静に見られるようになったことで、気持ちが楽になった」というのは確実にあると思う。

それから、以前と違って、ここ最近は仕事ができるようになった。長年抱え続けてきたコンプレックスが解消されてきたことで、過去へのわだかまりが薄くなってきたということもあると思う。そのおかげで、今の自分を以前よりも肯定的にとらえられるようになった。きっとそんなようなことが相まって、自分の過去をより冷静に見られるようになってきたのではないだろうか。

しかしそう考えると、自分にとって「大学に向き合えるようになるまで」というのは、結構長い道のりだったんだなぁと思う。いまさらながら。

「最近は学生と接するのが楽しい。これからは大学と大学生にもっと関わってみたい」

そんな話を教員経験のある方と話していたら、その人に「ああ、それなんかわかる。それってつまり『生きなおし』だよね」と言われた。「大学生と接することで、自分の大学生活を生きなおしてみたいってことなんじゃないかな」と。そう言ってくれた方も、学生と接する仕事ができたことで、結果的に自分の学生時代を生きなおせた感覚があるとのことだったけれど、そう言われてみて、僕にはすごく腑に落ちるところがあった。そうか、自分は大学生活を生きなおしてみたいのか。大学生活に何かやり残した感があるのか。だから大学生が眩しく見えるのか……。

そう言われたから思った、というわけでもないのだが、何かのかたちで「もう一度大学生活を生きなおしてみたいな」という希望は持っている。もちろん今から大学に入り直したいということではなくて、あの時期に通過できなかった体験や思いを、別のかたちでいいから消化したい／全うしたいという思いだ。

自分自身、二十代のうち少なくとも半分の五年間——ある意味いちばん良い時期だ——をそっくり失ってしまったという感覚が拭い難くあるし、年齢相応の経験をできないまま現在に至ってしまった（至らざるを得なかった）という無念というか悔恨というか、何か置き忘れ感みたいなものは正直言ってすごくある。その時代に得られるはずだったのに取り損ねてしまったものと置き忘れてきてしまったもの。そして自分の中の欠けた断片《ピース》。

そう考えると、自分が生きなおしてみたいのは大学生活というより、十九歳から二五歳頃の人生そのものなのかもしれない。そして、もしそこを何かの形で生きなおすことができたら、自分自身次のステージが見えてくるような気がする。その先のどこかにつながるような気がする。「だからどうなるのか？」と訊かれても明確には答えられないけど、でも何か新しい地平が開けてくるような予感ないし直感がある。ある意味、「それは自分にとって必要なことではないか？」とさえ感じている。

ではこれから自分はどうしてみたいのか？

僕は将来の目標とか展望って全然持てない人なのだけど、将来的には何か大学生に関わる仕事をしてみたい。内容は「大学生に関わるものなら何でも」だが、できたら学生に来てもらうよりこちらからキャンパスに出向くものがいい。今は現場の仕事が忙しいので、時間を割けるのは週に一回から月に一回がせいぜいだが、別にフルタイムでなくても全然構わないし、もう少し先の話であってもいいので、どんなかたちであれ大学生に関われたらいいなと思っている。

そう希望通りにいくかはわからないけど、願いを口に出すとわりにうまくいくことがあるので、思いつくまま書いてみた。あとはご縁があれば、言霊の力が何かを結び付けてくれるかなと思っている。

（二〇〇八年四月執筆）

〈後日附記〉

その後、県立高校や専門学校、大学などで話をする機会に恵まれました。特に、自分の出身大学で三年間ゲスト講師をさせてもらった経験は、僕にとってきわめて大きく、大学に対しての「もやもや」は、これを機会にきれいさっぱり消失しました。やはり、話す（＝放す・離す）ことには大きな効果があるみたいです。もし機会をいただけるならば、単発ではなく、通年または半期で講義を受け持つようなことをしてみたいですね。何かご縁があることを願っています。

NEWS23
……ある種の希望を提示したい

先日、テレビの取材を受けた。

番組はTBSの「NEWS23」。「大人の引きこもり」に関する特集で、インタビューを受けることになった。もちろん実名の顔出し。テレビに出るのは生まれて初めてになる。

テレビに出られて嬉しいか？　いや、特に嬉しくはないですね。別に有名になりたいとか注目されたいとか、そういう願望もないし。でもまあ、なりゆきというかご縁というか、そういうものはあるのだと思う。こういうのは自分が「やりたい」と熱望したところで、誰もができるものでもないですから。

いつもお世話になっている方の紹介で番組のディレクターさんに会った時、正直、僕は乗り気ではなかった。ひきこもりに関するインタビューはこれまでもいくつか受けてきたし、自分の体験を大勢の人の前で話すことはそれ以上にやってきた。人前で話すことには慣れているほうだ。

でも、「テレビで」というのには抵抗があった。テレビだから顔も出てしまうし、テレビは視聴率一％でも百万人が見ている計算だから、少なくとも数百万の人の目に触れることになる。映像がオンエアされた時に、いったいどのような反響が返ってくるのかわからない怖さがあった。

ま、要はビビったわけです。それでも、「出てみてもいいかな」と思えたのは、「Tさんの紹介だから悪い人ではないだろう」と思えたからだし、実際に会ってみたら誠実そうなディレクターさんだったから。あとはまあ、おもしろそうだったから。「チャレンジだな」という気がしたんですよね。四十歳を過ぎた男にとって、経験するのに早すぎることなんて、もう何もないでしょ。「ＮＥＷＳ23」の取材を受けるにあたって、僕が決めたプランはただひとつ。「堂々と喋る」。これだけ。ひきこもった経験があるのは事実だけど、別に悪いことをしたわけじゃないし、こそこそする必要だってない。

　最初は名前を伏せたり、顔を映さないことも考えたりしたけど、やっぱりそれは違うと思った。速攻で却下。もし僕が顔を隠したり、名前を伏せてインタビューに答えたりしたら、それを見た人はどう感じるだろうか？　「この人はどこか後ろ暗いことでもあるのだろうか？」と勘ぐってしまうかもしれない。現役のひきこもり当事者さんたちに、「ひきこもりはやはり悪いことなのではないか？」と思わせてしまうかもしれない。そう受け取られるのは嫌だった。僕は自分の経験を恥じてはいないし、ひきこもりというものにネガティブなイメージを与えたくもない。むしろ、ある種の希望を提示したい。たしかに挫折を味わった。でもちゃんと生きてるよ。みんなが順調にストレートに生きられるもんでもないし、つまずくのは決して特別なことではないよ。高速道路から落ちたからこそ見えた景色もあった。プラマイ・ゼロじゃなくて、プラマイ・プラスの経験だった。今回の取材に限らないけど、僕はそういうことを伝えていきたい。現役のひきこもり当事者の人たちより少しだけ先の道を歩く者として、そこを伝えていくのは半ば義務でもあると思っている。

（二〇一五年一二月執筆）

語れるひきこもり——その光と陰について
……とても大切なこと

最近、ひきこもりの当事者・経験者がみずからの声をあげることが増えてきた。いわゆる「当事者発信」というやつ。代表的なところでは、僕も登壇した二〇一四年の「ひきこもりUX会議」や、全国各地で開かれている「ひきこもり大学」など。

ここ数年、SNSの浸透もあって、「動けるひきこもり」の人たちが相互につながって、情報をやりとりしたりみずから発信したりということが増えてきた。「ひきこもり大学」や「ひきこもり女子会」なんかに大勢の参加者が集まるようになったのは、SNSでの情報の拡散と決して無縁ではないと思う。ひきこもりの当事者たちが、自分たちが本当に望んでいる支援や、自分たちの気持ちを発信していくのは、とても重要かつ画期的なことだと思う。

ただ、その一方で、僕はあるひとつの懸念も抱いている。その懸念を的確に指摘してくれた文章があったので、一部の抜粋になるが、ここでご紹介したい。

「活動力のあるひきこもりに違和感」

私は、10年以上ひきこもっている当事者です。今回ひきこもり新聞に意見を寄せようと思ったのは、活動力のあるひきこもり界隈の人達によって、ひきこもり界隈からも疎外された多くのひきこもりが、置いてけぼりにされて見捨てられていると感じたからです。また、私自身が集団恐怖というものがあり、最近のひきこもり当事者が集まるという、イベント・サークルに気後れをし、違和感を覚えているからです。（中略）私が今、経験から求めているのは、現在の支援の方向とは違った「就労」を前提としない動けなさへの共感です。つまり、ひきこもりからの「可能性への期待」ではなく、「不可能性への配慮」を大切にしてもらいたいということです。

ここで紹介したのは、二〇一六年の『ひきこもり新聞』（二〇一六年一〇月一二日、ウェブ版）に寄稿された、「人間のひきこもり」さんによる「動けなさへの配慮、不可能性を生きるワタシ」と題された文章。ここに書かれた内容はきわめて重要な指摘だと思う。

世の中、どうしても、「ひきこもりから外に出られた人」の意見が目立ってしまうけれども、外に出にくい人だからこそ言えることも、またあるのである。そして、この方が書かれた文章は、次のような一節で締めくくられる。

ひきこもり当事者が「語れる一部」の人に限定されないことを望みます。

もう、胸に刺さった。本当に刺さった。そしてこれこそは、僕としては絶対にあって欲しくはない事態だ。

先日登壇した当事者発信のイベントでもお話したことだが、僕らがこうして人前に出て語れるようになったからといって、それが「善」とか「正しい姿」であるとかいったことはまったくない（親御さんからしたら、理想的かつ眩しく映るだろうけれども）。

ひきこもりの人たちがみずから発信をできるようになったのは素晴らしいことだ。しかし、そうした「語れるひきこもり」の人たちの活躍が、その対岸にいる「そうではないひきこもり」の人たちを抑圧するようなことは、決してあってはならない。そのような事態は僕たちの本意ではまったくない。僕ら「語れる一部の人」たちの存在が、「ひきこもり」にすらなれない、二重の意味での落伍者を生み出すようなことがあってはならないのである。僕たちは心のどこかで、そのような危険性について深く自覚しておく必要がある。

そんな中、僕が素晴らしいなと思ったのが、『ひきこもり新聞』の編集部によるこの姿勢。以下引用。

ひきこもり新聞は、編集会議に来られない当事者の方からの記事を募集しています。編集部に来られる方たちは、言うなれば居場所へ行ける「ひきこもり系」であり、「出られなかった時期」とはまた違った形に問題意識が変化しています。そういう意味で、現在進行形で出られない、居場所へ行けない当事者の方の意見を紙面に載せることが難しいのです。だからこそ、居場所へ行けない当事者の方からの応募が必要です。「こういう記事が書いてみたい」というのがありましたら、ぜひ編集部へメールでご連絡下さい。

このまなざしがとても素敵です。『ひきこもり新聞』、興味を持たれた方はぜひご一読ください。

（二〇一五年一二月執筆）

〈後日附記〉

『ひきこもり新聞』は現在、休止状態ですが、そのエッセンスは『ひきポス』に引き継がれて続いています。ひきこもり当事者・経験者の生の声が数多く掲載されていますので、『ひきポス』を知らなかった方はぜひ検索して、できれば実際に購入して読んでみてください。

終章

どうして僕はひきこもったのだろう？

まさか、自分がうつ病になるなんて思いもしなかった。

いや、自分がこころの病と縁遠い人間だ、などと思っていたわけではない。むしろ、こころの病は自分にとって近しいものだと考えていた。一九九九年に最初に精神科を受診して以来、断続的にではあるがずっと精神科（あるいは心療内科）に通院してきたし、頓服の薬も飲んできた。身内にはうつを患った者もいる。こころの病が縁遠いはずがない。ただ、自分が「うつ」になるとは思ってもみなかった、ということだ。

ここから先は、これまでの部分を書いたあとの二〇一九年以降の自分について書いてみたい。大きな動きがあったのは二〇二一年からだが、その前段となる出来事はこの年から緩やかに始まっていたからだ。

一回目のうつ病

僕は前職となる就労支援施設で約十五年働いた。待遇が極めて良いとは言い難かったが、やり甲斐のある仕事だった。人の迷惑の上にではなく、人の感謝の上に成り立つ仕事。誰かの役に立つ仕事。そのことに幾らかの誇りも感じていた。思いのほか長く続いていることで、意外な適性があるらしいことも自覚していた。そもそも、向いていなければ十五年近くも続けられないだろう。現状に満足まではしていなかったけれど、「まあやれるところまではやっていくのだろうな」という漠とした思いはあった。

しかし、二〇一九年の六月下旬。母方の祖父(当時九五歳)に胃がんが見つかったとの報せが入った頃から風向きがおかしくなった。もう九五歳という高齢なのだし、いつ何が起きてもおかしくないと頭では理解したつもりだったが、祖父に最期の時が迫っているという事実は、僕の予想よりも遥かに強く、僕の心身にダメージを与えたようだった。日頃から「祖父が亡くなるのは親が死ぬよりつらい」を公言していたおじいちゃん子の自分である。普通に考えて、ダメージがないわけがなかった。

そしてそのあたりから、身体に力が入りづらくなった。はじめは「おかしい、力が入らないな」という程度だったその症状は、まもなく「妙に疲れやすい。どうしたんだろう？」に取って代わり、じきにエレベーターを待つ職場の廊下でへたり込んでしまうようになった。通勤電車の中で立っているのがしんどくなった。できることならなるべく座りたい。そこの元気そうなお兄ちゃん、座ってないで席譲ってくれないかなあ。

それからまもなく、思考がまとまらなくなった。何かを考えたくても、頭に靄《もや》がかかったようになって何も考えられない。風呂の湯船に喩えて言えば、風呂の底に大きめの穴が開いて、多くの水がそこから勢いよく流れ出ていくような感覚があった。自分のエネルギーの水かさが、みるみるうちに下がっていく。わかっていても止められない。自分自身、流れに呑まれて真っ逆さまに落ちていくように感じられた。

異変は仕事上だけにとどまらなかった。より具体的にいうと、日常の些細な決断ができなくなった。職場近くのコンビニに寄って何かを買おうと思うのだが、商品が並んだ棚を前にして五分以上もぼうっと立ちすくんでいた。思考が何ひとつまとまらず、結局、何も買えないままに店を出た。コンビニの棚にはあまりにもたくさんの商品が並べられていて、何を選べばいいのかわからなかったのだ。こんな些細なことすら判断がつかない。日常の些事が巨大な課題のように見えた。

それまで、ごく当たり前にできていたこともできなくなった。自動車の運転に自信がなくなり、電車に乗って都内まで出かけることが「難しい」と感じられるようになり、趣味であるサッカー観戦に行くことにも困難を覚えた。二時間のあいだ試合を見続けることに自信が持てなかったし、それ以前に、スタジアムまで辿り着く自信がなかった。おかしい。そんなの、これまでならあり得ないことだ。それまで、何の痛痒も感じずにスタジアムまで通っていたのだから。

そういえば、いつも乗る電車になぜか乗り遅れることがあった。いつのまにか、自分の動作が緩慢になっていたのだ。ふだん当たり前にこなしていたことができなくなったことに、少なからぬショックを受けた。それ以外にも細かな異変はあった。おそらくだが、その時点で、心が気づくよりも先に身体がサインを送ってきたのだろう。ＳＯＳのサイン。あるいはある種の悲鳴に似たようなものを。

治療の開始——治療の足場を固める

自分の身にただならぬことが起きていることがわかり、医療の力が必要だと直観した。その当時も心療内科にはかかっていたが、信頼できる医師とタッグを組まなければ、治るものも治らないと判断して、半ば無理やりに転院した。ただ薬をもらいにいくだけの表面的な関わりでは、治療は無理だ。

転院して、以前お世話になっていた医師に再び診てもらうようになり、治療に向けての準備と足場を固めた。医者から「軽度のうつ」と診断されて、服薬治療も開始した。その当時の僕に顕著だった症状は、疲れやすさ、思考力と判断力の低下、物事を決められない、動作が緩慢で時間がかかる、好きなことに力を振り向ける余力ないといったもの。頭を使う職業だったせいかもしれないが、症状の多くは、思考や頭脳に関係する部位を中心にあらわれた。

転院したことはすぐに功を奏した。転院して治療のための足場を固めた時点で、「だいぶ目処が立ったな」という感覚が自分の中にあった。二五歳でひきこもりから抜け出した時の流れによく似ている。入職以来初めて、二週間のまとまった休みをもらったのもよかったのかもしれない。

祖父の体調が悪化

二週間の休みを終えて九月の上旬に職場に戻り、恐る恐る元の日常に復帰した。恐れていたほどの不調は再燃せず、職場の理解もあって、なんとか元いた場所に戻ることができた。もちろん自分の体調も心配ではあった。でもこの時期の僕にはもっと心配なことがあった。それまで小康状態を保ってきた祖父の体調である。九月の下旬に救急搬送され、最悪の事態は逃れたものの、いよいよ、いつ何が起きてもおかしくない状況へと突入していった。

週五日、フルタイムの仕事をこなしながら、主に週末を使って、祖父のいる静岡と自宅のある横浜とを往復した。スケジュール的に厳しいものはあったが、残り少ない祖父との時間を考えた時、できるかぎりのことはしておきたかった。可能なかぎりのベストを尽くすと決めた。それこそがプライオリティーの最優先であり、自分の体調のことは二の次三の次。どれだけスケジュール的に厳しかろうが、今ここでへばっている場合ではない。気を張るべき対象があったせいだろうか、六月や七月のような身体の不調はあらわれなかった。僕のうつ病は、どこか別のところへ行ってしまったようだった。

週五日ほど働きつつ、時間をこじ開けて祖父と一緒の時間を過ごし、それと並行して、その時期行われていたラグビーのワールドカップを観戦してまわった。全四八試合中の十三試合。日本戦も三試合観戦。決勝トーナメントは、どうしてもチケットが取れなかった決勝戦と、大分開催の準々決勝二試合を除く五試合を生で見た。ラグビーのワールドカップはこれまで経験したことがないほどに楽しく、かつてないほどの気持ちの高揚感があった。ラグビーを見たい／体感したいがために日々を過ごしていた。当然ながらスケジュール的にはますます厳しくなったが、この楽しみがあったからこそ、ハードな日程を乗り越えることができたのだと確信している。

祖父のことについては、自分なりのベストを尽くせた。

可能なかぎり同じ時間を過ごし、できることが少しでもあれば、手間と時間を惜しまなかった。翌二〇二〇年の三月に祖父は息を引き取ったが、自分でも不思議なほど涙は出なかった。その後の葬儀でも告別式でも、涙はいっさいなし。まったく泣きもしないというのはいささか薄情なのではあるまいかという気もしたが、その一方で納得感もあった。自分なりの一〇〇%を尽くせたのだ。ひとかけらの出し惜しみもなく、できることはすべてやった。祖父を亡くしたことはもちろん残念だったが、「やり切ったんだ」という思いのほうがずっと強く残っていた。

二〇二一年、二度目のうつ病

祖父が亡くなった二〇二〇年は、年明けから世間を騒がせた新型コロナに翻弄される一年になった。ステイホームが叫ばれ、生活や仕事で少なからぬ変更を強いられ、ひどくストレスの多い一年だった。それでも、ほんの少しずつではあるが、元の日常生活を取り戻していった。

この年は、「コロナの日常」という非日常を除けばだが、自分なりに浮き沈みのない一年であったように思う。マスク生活は本当に鬱陶しかったが、だいたいのことはつつがなく送ることができた。祖父を亡くした喪失感のようなものも、特に感じることなく一年が過ぎた。翌年の二〇二一年になってからも精神の不調はなく、なんとなくだが、このまま良い感じでいけるんじゃないかな、という楽観的な手応えがあった。学生時代以来、ずっと嫌な気持ちを抱いていたスキーを二五年ぶりに再開し、二月の下旬から三月の上旬にかけては、家族で仙台と山形を旅行してまわった。家族三人でスキーに行けるなんて、それこそ学生の時以来の出来事だった。画期的だ。日々の生活の中で、気がかりな要素なんて何も見つけることができなかった。

だが旅行から帰って、仕事に戻った三月三日の水曜日。妙に疲れやすい自分がいた。身体に力が入らず、集中力もどこか欠けているような感覚があった。はじめは旅行の疲れなのだと考えていた。少し休めばまた元の自分に戻るだろう。

しかし、身体の不調はその後も続いた。いや、むしろ進行している感触があった。ひどく疲れやすく、手を握っても力が入らず、職場のエレベーターの前でへなへなとへたり込んでしまう自分。土日は何もしないでひたすら寝ていた。十二時間以上寝てもまだ眠れる。心が眠りを欲しているのがわかる。家事が億劫でとにかく何もできない。おととしの六月とそっくり似たような感覚があった。

案の定、仕事にも影響が出た。力が入らない。疲れやすい。行きの電車は座りたい。思考力の低下。まとまらない、決められない、決めることに自信が持てない。動作が緩慢。動きに時間がかかり、いつのまにか時間が経っている感覚。小さな物忘れがあったり、記憶が曖昧だったりする。スポーツ観戦等、好きなことをやる気力が出ない。その余力もない。ただただ億劫。判断力に自信がなく、自動車の運転が怖い。実家への帰省も車ではなく電車を選択。体調には日内変動があり、日によっても調子が異なる。後頭部に重だるい感じの痛みや違和感があった。そうなった理由は定かではないし、認めたくない事実ではあったが、明らかにうつが再発したのだ。病院での診察で医師に子細を話し、とりあえずは二週間様子を見ることにした。大きな決断は性急にはしないほうがよい。

ここでうつの症状が再発したのは自分でも意外だったし、それ以上にショックだった。少し前の一月、二月を振り返ってみても、特段、ストレスになりそうな要素や予兆はなかった。むしろいつもより調子が良かったくらいだ。なぜ再びうつの症状があらわれるのか、自分でもまったく理解できなかった。

祖父のことは完全にクリアしたはずだ。できるかぎりのことはやったし、ベストを尽くした。そのことについては自信を持って断言できた。一〇〇%だ。それ以上はない。なのに、それなのにまた同じことが起きた。となると、二〇一九年にうつ病になって体調を崩したのは、祖父のことだけが原因ではなかったのかもしれない。いや、「それだけが原因ではなかった」と考えるほうが自然だ。僕はこの二度目のうつをきわめて深刻に捉えたし、深刻に捉えないわけにはいかなかった。病気の原因は、どこか別のところにもあるのだろう。

すでにこの時期には、休職という選択を取ることに対して前回ほど否定的ではない自分がいた。同じことが二回起きたという時点で看過できない事態だったし、体調は前回以上に速いスピードで悪化しているように思えた。ラグビーのワールドカップだってもうない。自分の中に、無理をしてでも仕事を続ける必然性を見つけることが困難になっていた。

休職

前回から二週間後の診察で、休職することに決めた。いや、正確には、「休職することに決めた」などという格好のよいものではなくて、すべてを医者に決めてもらった。もはや自分では判断がつかない。無理です。先生、決めてください。とボールを投げた。向かいに座る医師はどことなく納得したような表情を浮かべながら僕に語りかけた。岡本さんもプロだからわかると思うけど、これは休んだほうがいいです。明日から休みましょう。書類は書きます。とりあえず二ヶ月。期間を延ばすことはできるし、あとのことは様子を見ながら決めていきましょう。

その夜のうちに職場にはことの子細を伝え、あと一日だけ出勤して、翌々日から休職することが決まった。もろもろの引き継ぎなどが大変なのではないかと危惧していたが、実際はこちらが呆気にとられるほどあっさりと事が進んだ。自分のとりあえずの荷物を片付けることぐらいしかやることはなかった。もちろん、それはそれでありがたいことだったのだが。

休職して最初の一日目。朝起きたら首を寝違えていた。やるべきではないストレッチなんぞをやったものだからよけいに具合を悪くしてしまった部分はあったが、それにしても治りが悪かった。すぐに整形外科に駆け込んだが、治療には多大なる時間を要した。首が左を向いたまま動かない。首から肩・肘にかけてが痺れて痛い。それからゴールデンウィークまでの一ヶ月間、うつ以上に身体の痛みがつらかった。身動きが取れず、ほとんど寝て過ごしていた。人間の身体というのは不思議なもので、身体の痛みが強い時には、心の苦しみは陰のほうに隠れるものらしい。

心の痛みよりも身体の痛みのほうを脳は優先するのだ。うつ病に特有の症状は減退していたから、「うつの症状は治まったのかな」などと考えていたが、身体の痛みが減退するのと同時に、例の苦しみはまたぞろ顔を出すようになった。「やれやれ、ずいぶん時間がかかったね。終わるのをずっと待っていたよ」とでも言うかのように。物事そんなに甘くない。それにしても、あのひどい寝違えはいったいなんだったのだろう？　何かの蓄積の現れだったのかもしれない。何かの暗示だったのかもしれない。

全部入れ替えなさいよ

首の痛みがあらかた治まって、うつの症状もいくぶん緩和されてきた五月になって、静岡にある両親の家に行くことにした。車を運転する自信も戻ってきたので、今度は電車ではなく車だ。無事に事故なく帰れた。けれども、静岡に帰る途中、トイレ休憩に寄った道の駅で財布をなくした。ああもう、勘弁してくれよな。現金もキャッシュカードもクレジットも免許証も保険証も各種メンバーズカードもすべてロスト。回復してきたとはいえ、まだまだ注意力や判断力が鈍っていたのかもしれない。道の駅のどこで財布をなくしたのかも全然わからない。すべての再発行手続きはなかなかに大変だった。財布だって新しく手に入れなくてはならなかった。少し不思議なことだけれど、なんだかこの時に、「全部入れ替えなさいよ」と何かに言われているように思えた（のちに実際、そのとおりになったのだけれども）。ここで財布をなくしたのは、何かのお告げのようなものだったかもしれない。

退職を決める（No Distance Left To Run）

その後はコロナ禍の影響もあって、オンラインの援助者セルフヘルプグループに参加したり、同じくオンラインではあったが、オープンダイアローグの体験会に参加したりした（オープンダイアローグとは、フィンランドで開発された統合失調症に対する治療法。治すことを目的とせず、アドバイスもしない。しかし対話を継続していくことで治療が進むのが特徴）。

音楽が聴けるようになって読書も再開できてからは、少しずつではあるが、相談支援の関係の本を読んだりもした（意外におもしろく読めた）。六月の下旬には、今シーズン初のサッカー観戦にも出かけた。これまでの「あたりまえ」ができるようになってきたことが嬉しかった。Jリーグもシーズンが半分終わった頃になっての初観戦ではあったが、それでも、やっと「普通」が戻ってきたのだ。

七月には調子が回復したので減薬を開始。でも、まだ少し早かったようだった。八月半ばには再び調子を崩して、ベッドから起き上がれない日々が戻ってきてしまった。幸いにして予定をすっぽかすような事態にはならなかったけれど、だいたい九月くらいに退職を決意した。戻って戻れないことはないし、なんとか誤魔化しながら仕事を続けることはできるだろうけれど、でもきっとまた同じことは起きるし、三度目のうつもまたやってくる。たぶん逃げられない。もうこの仕事をしていても持続可能性がないな、と理解がついた。次にやりたいことはまだ何もわからないけれど、きっとここらが潮時なんだろう。特に後悔はなかった。やるだけのことはやったのだ。

ウツ抜け

退職後の十月に入って、うつが抜けたような感覚があった。抗うつ剤は飲み始めから実際に効果が出るまでに二週間程度かかるのだが、九月あたまから薬を増やした効果が出てきたらしい。こういうところ、わりとスナオな身体で助かる。

夏前に怪我をしていた右膝が回復してきたこともあって、これ以降はだいぶ動けるようになった。オープンダイアローグのおもしろさに目覚め、積極的にオンラインイベントに参加。春日武彦さんの『はじめての精神科』を再読し、やっぱり相談支援はおもしろいと再認識した。相談支援の仕事をしていてうつ病になったのだから、その仕事自体に継続可能性がないのではないかと思っていたが、どうもそういうことではなかったらしい。下旬には十五年ぶりにフットサルに参加。あまりの動けなさに自分で愕然とはしたが、たまに身体を動かすのは楽しいと素直に感じられた。良い兆候である。

二〇二一年を漢字一文字で表すと、「転」。

病気になって転んだ感じもあるし、休職を機に転針した感じもあった。病気がいろいろ教えてくれた。十五年続けた生活が一転して大きな変化があった。うつから回復したらなるべく早い時期に次の仕事に就いて、新しい船出をするのだと思っていた。かなり楽観的に。だが、そんなに簡単なことでは、どうもなかったようだった。

これって二度目のひきこもり?

次の二〇二二年は、表面的には健康で順調ではあっても、その内実、なかなか苦しい一年になってしまった。わかりやすく痛いとか苦しいとかしんどいことがあったとかではないのだが、真綿でぐるぐると締め付けられるような、あるいは、いつのまにか呼吸が浅くなっていくような苦しさがあった。傷病手当が切れる九月下旬が近づくにつれて、じわじわと焦りの感覚が募っていく。傷病手当が切れても貯金はそれなりにあるし、失業給付だってこれからなんだから焦る必要はないと医者から言われても、素直に肯くことのできない自分がいた。二〇二一年と違って、うつ病の明確な症状が見られなかっただけに、「病気はもうずっと良くなったのに……」という意識がはたらいてしまったのかもしれない。

今は二〇二二年の十月だ。密やかに呼吸の浅い息苦しさは今も変わることなく続いている。正直、不本意だ。こんなはずではなかった。

仕事をいったん辞めた。病気も回復してきた。今の僕はある意味自由だし、ここからどこにでも好きなところへ行くことができる。そうすることのできる自由を手にした。だが、その状況が案外に苦しい。

自分の人生を自由にデザインできる地点に立っているのはわかる。たぶん、素敵なことだ。そのこと自体はわかるのだけれど、この「自由」であり所属のないことが存外に苦しい。思ったよりも苦しい。これは一年前に退職を決めた時よりもはるかに想像を超えて苦しかった。見通しが甘かったと言われてもあまり反論はできないかもしれない（とはいっても、あの時の自分には、あれ以外ほかに選びようはなかったのだが）。

もともとそういう性分だったといってしまえばそれまでだが、この先自分がどうしたいのか、自分がどうなるのかが皆目わからない。時間が経てば経つほどわからなくなっていくような感触すらある。「やりたいこと」が案外ない性格なので、あり余る自由を手にしたはよいものの、その状況を完全に持て余してしまった格好だ。もうこの際、落ちるところまで落ちたほうがいいのかもしれない。そういう捨て鉢な思考が頭の中をよぎっていく。

今の自分の状況は、僕にとっての「二度目のひきこもり」なのではあるまいか。いささか突飛に響くかもしれないが、そういう気がしないでもない。

もちろん、一度目のひきこもりに比べればだいぶ年数も経っているし、精神的なタフさという意味ではあの頃とは比較にならない。十五年以上仕事も続けてきた。一度目のひきこもりの時とは、置かれた状況が大きく違う。部屋の前を通る親の足音に怯えて過ごすこともない。だから単純な比較はできない。しかし、それはそれとして、本質的には前回の時とわりと似通った位置に立っているのではないかという気がしてならない。

実を言えば、こうなる予感は薄々あった。だいぶ以前から、「これだけでは済まないのではないか」という感覚があった。「もういちど何か大きな挫折なり波のようなものが来るんじゃないか」、「あの一回のひきこもりなんかでことが済むはずがない。これよりもっと大きな苦しみを味わわなければ収まらないのではないか」といった予感ないし恐れだ。今感じている苦しさが「それ」に該当するのかは、自分でも今ひとつわからないのだけれど。

何はともあれ、これが今の僕が感じている現在進行形の苦しみである。耐えがたいほどの痛みではないが、先行きの見えない苦しさ。「自分がどう生きるか」「この先どう生きればよいのか」という実存的な悩み。「贅沢な悩み」と切り捨てられれば、まったくそのとおりなのかもしれないが。

高速道路から落ちたからこそ見えたもの

ところで、僕にとって「ひきこもり」は挫折の経験だった。挫折の経験なんて、しないで済むならしないに越したことはない。できるならば、もっと順調な人生を歩んでみたかった。でも、起きてしまったものは仕方がない。甘んじて受け入れるしかないし、いまさら過去を変更することもできない。

僕は一度、高速道路から転落したのだ。

「良い学校、良い大学、良い会社」というレールの上を走ってきた。良い学校に行きさえすれば、良い大学に行きさえすれば、そして良い会社に入りさえすれば、幸せな人生を掴み取れると考えていた。ひどく漠然と。さしたる根拠もなしに。

周囲からそれを強いられていたわけではない。けれどそうした空気が、やんわりと僕のまわりを包み込んでいた。それ以外の選択肢は特に見当たらなかった。僕らの親世代の考え方。彼らが「良かれ」と思って勧めた生き方。もう時代遅れだったかもしれない。でもその時代遅れかもしれない考えから抜けられなかった。

だが、いわば不慮の事故が起きて、高速道路から下の一般道に落ちてしまった。「順調」な人生は一度断ち切られた。だからひきこもった。今の僕は、高速道路から落ちたことを後悔はしていない。それはなぜかといえば、一般道に落ちたからこそ見えた景色、一般道に落ちたからこそ出会えた人たちが大勢いるからだ。不慮の事故に遭って下道《したみち》に落ちていなかったら、今の僕はないと断言できる。

いまさら言うまでもないとは思うが、僕は自分がひきこもったことを後悔していないし、恥ずべきことだとも考えていない。だから実名で本も書くしテレビにも出ている。今から人生をもう一度やり直したいとも特に思わない。それはたしかだ。

しかしながらその一方で（いささか矛盾するのかもしれないが）、「もしあの時挫折を味わうことなしに、そのまま順調な人生を歩めていたとしたら（つまり高速道路をあのまま走り抜けられていたとしたら）、その先にいったいどんな景色が見えていたのだろう？」ということをたまに考えてしまう。順調に進んだかつての友人たちと自分とをつい比較してしまう。これは十年前もそうだったし、今でもそうだ。

大学から順調に就職して、しかるべき年齢で結婚して子どももいて、という仮定の未来。もしそうであったならどんな景色が目に前に広がっていたのだろう？　ありもしない仮定の世界。あれからもうだいぶ時間も経っているのだから、そんなものはそろそろなくなっても良さそうなものだが、案外これがなくならないから不思議だ。もういっそのこと、「順調」に進んだ昔の友に会って、そのあたりのことを直接ぶつけてみるべきなのかもしれない。彼らが何がしかのヒントや視点をくれるかもしれない。もしうまくいったならば。

どうして僕はひきこもったのだろう？

さて、この本もそろそろ終盤にさしかかっているので、自分なりの考えを整理してみたい。まず第一に、どうして僕はひきこもったのだろうか？

わかりやすいきっかけは、大学の時の就職活動だ。みんなと同じ時期に、いっせいに、同じようなリクルートスーツを着て会社巡りをする。実はあの時点で違和感があった。どうにも馴染めなかった。仕方なくやらされている感。また、面接という面接に、ただのひとつも受からなかったのも大きい。あの時のショック。そこは見過ごせない。

しかしそれ以上に、あの就活を通して、自分のありたい姿と現実との乖離に、僕のココロとカラダが拒否反応を起こしてしまったのではないかという気がしてならない。それはつまり、スーツを着て働くような働き方だ。そして、「実質的にそれしか働き方がない」という現実である。リクルートスーツ色の現実。どう見ても自分らしくはいられない生き方、そして働き方。それらを目の前にして、ココロとカラダが（僕の理解よりもだいぶ先に）拒否反応を起こしたのではないか。特に、北海道を二ヶ月自転車で旅して、その心地よい生活とのギャップを目の当たりにしたことは大きかったかもしれない。

そしてここからは、「たら、れば」の話。

スーツを着て会社勤めをするのではない、もっと多様な生き方や働き方に幼い時から触れていれば、もっと違った展開になったのかもしれない。もし身近に、ちょっと変わった生き方や働き方をしている知り合いなり親戚なりがいたとしたら、もっと柔軟かつ気楽に考えられたのかもしれない。

わからない。すべて仮定の話だ。ただのしようもない言い訳に過ぎないかもしれない。どう転んだところで結局は同じことだったかもしれない。

でも、当時の内なる自分が、リクルートスーツを着て就活をする自分に、「それは違うよ。それは君の生き方じゃないよ」と警告の鐘を鳴らしていたのではないかと思う。もし仮にそうだとしたら、そのことに当時の僕が気づくことができればよかったのだけど。

どうして僕は病気になったのだろう？

正直に言えば、ここはまだよくわからない。あまりにも最近のことなのだ。客観的に分析するにはまだ時期が早すぎる。

ただ、「これ以上は無理だよ」ということを身体が教えてくれたのはたしかだと思う。そう、病気というのはたいていの場合、何がしかのメッセージを携えてやってくる。

では、なぜ「これ以上は無理だよ」になったのか。ここは複数の理由が考えられるが、ここでは三つの理由（仮説）を挙げてみる。

まずひとつめは、仕事の負担が過重になっていたことだ。それだけが原因とは思わないが、長年の蓄積疲労というか、いくぶん無理のある働き方を長年続けてきたところで、ついにココロとカラダとが悲鳴をあげたのだと感じる。「ここでいったんストップをかけないと本格的に壊れるぞ」とカラダが判断してくれたのだろう。それはまるで不登校の子が、朝、お腹が痛くなったり、どうしても起きられなくなったりするのによく似ている。表層の意識とは別のところで、カラダが自分の危機に気づいて表現してくれたように思う。

ふたつめの理由だが、祖父の病気のことはやはり見逃せない。それが唯一の原因ではないにせよ、しかし大きな要因であることはたしかだ。もし仮に、祖父が今も存命で元気で過ごしていたら、変わることなく仕事を続けていたのではないか。

また、祖父の病気に関連するが、祖父の死が迫ったことで、自分の「家族」について考えざるを得なくなったのも響いているように思えてならない。むしろこちらのほうが、僕の考えるふたつめの理由である。

第5章の「家族という『溜め』」でも書いたことだけれど、このまま時間が進めば、僕を守ってくれていた「家族」という「溜め」は次第に薄くなっていく。両親もともに七十代の半ば。いつ何が起きてもおかしくはない年齢になった。そして、いずれ僕を取り巻く「溜め」は薄く少なくなっていく。それも間違いなく。その中で自分はどうするのか。そうした「家族」にまつわる諸々の課題が、僕の心の扉をノックしていたように思える。「ねぇ、君、このままでいいの？」、「いったん立ち止まって考えるべきなんじゃないの？　あんまり遅くならないうちにさ」とでも言うかのように。

そして最後の三つめの理由。いわゆる中年期の危機があったように思う。以下、参考になった書籍からの引用。

分析心理学を提唱したユングは、人間の精神的危機が訪れやすい三つの時期として、青年期の危機、中年期の危機、老年期の危機というものを挙げました。

青年期の危機は、人が社会的存在となっていこうとする出発点での様々な苦悩、つまり、職業選択や家庭を持とうとすることなど「社会的自己実現」の悩みを指すものですが、中年期の危機の方は、ある程度社会的存在としての役割を果たし、人生の後半に移りゆく地点で湧き上がってくる静かで深い問い、すなわち、「私は果たして自分らしく生きてきただろうか？」「これまでの延長線上でこれからの人生を進んでいくのは何か違うのではないか？」「私が生きることのミッション（天命）は何なのか？」といった、社会的存在を超えた一個の人間存在としての「実存的な問い」に向き合う苦悩のことです。

（泉谷閑示『仕事なんか生きがいにするな』幻冬舎新書、二〇〇六年、五三ページ）

ひきこもりの状態から抜け出し、どうにかして働き始める中で「社会的自己実現」を達成（あるいは模索）し、二十年弱のあいだ働いてきた。もがきながらも「一人前の社会人」としての素養を身につけ、（自分で言うのも何だが）勤勉に常識的に、駱駝の如き忍耐をもって社会の中を生きてきた。「ひきこもりから抜けたからあとは安泰、ハッピーエンド」などということはもちろんなく、それなりに山もあったし谷間もあった。決して平坦な道のりではなかった。そして年齢も四五を超え、少しばかり体力も低下し、人生の折り返し地点をぐるりと回ってマラソンの復路の景色が見え始めたところで、「さて、どうしたものかな」となった結果のように自分には思える。

前掲書の泉谷氏は、別著の『「普通がいい」という病』（講談社現代新書）において、折り返し地点を過ぎたあとの「中高年の反抗期」について、ニーチェの『ツァラトゥストラはかく語りき』を題材に詳しく述べているが、まさにそんな感じが近い（詳細は同書の第五講を参照されたい）。

中高年の反抗期。為すべきことをやる「一人前の社会人」からある程度解放されて、自由を獲得し、あらためて自分のやりたいことに向き合う。今はそういう時期に差し掛かっているのではないか。「駱駝」（汝、為すべし）から「獅子」（我、欲す）に変身する過程に今はあるのではないか。不確かながら、しかしある種の確信を持ってそのように考えている。そういう産みの苦しみの時期のさなかにあるのだろう。

残念ながら、未だ「答え」は見えていない。「やりたいこと」も「やるべきこと」も、「私が生きることのミッション（天命）」も何もわからない。だから苦しい。まさに中年期の危機だ。

しかし、そのステージまでたどり着くことができたのは幸運だったのではなかろうか。そこまでたどり着くことができずに脱落する可能性はあったし、そうなる前に、みずからの人生に決着をつけてしまう可能性だって無いことはなかったのだから。

今の僕は、「これまで」と「これから」の両方を見渡せる地平に立って、「さて、次、どうしよう？」と思案に暮れているわけだが、もし可能ならば、「自分にできるとわかっていること」ではなく、もっとチャレンジをしたいと思っている。

「できるとわかっていること」をやるのは安心だ。そこに流れたい気分はある。不安よりも安心に留まりたい。ごく当然の心理だ。だが、それだとどうも何かがしっくりこない。一度きりの人生。残りの時間を数えたほうが早い年齢にも差し掛かってきた。どうせならば、「できる」とわかっていることよりも、もっとワクワクすることをやってみたい。そういう思いがある。実際にどうなるかはわからないけれども。

「ひきこもりから抜け出たからそれで終わり」ではない。「働き始めたからあとは安泰」と約束されているわけでもない。失望させてしまうようかもしれないが、でもそれは厳然たる事実だ。どの物語にもその後日談はあるし、本には記されない山も谷もある。昔話にあるようなわかりやすいハッピーエンドなんてたぶんきっと存在しなくて、これからも僕は、ずっと揺らぎ続けるのだろう。みっともなくじたばたとあがき続けるかもしれない。でも、それでいいのだ、とも思う。

つまりは、生きるのはそんなに簡単ではないということだ。でも、簡単ではないものに抗い続けられるというのは、そしてみっともなくあがき続けられるというのは、わりに幸せなことではあるまいか、と考えている。きっとそのとおりだと良いのだけれども。

◉初出一覧

序章　勇気を持って床屋に行こう（『クラヴェリナ』三号、二〇〇二年一〇月）

第1章　わたしってこんな人です

『不登校新聞』（カッコ内は号数、以下同）

春の憂鬱（二〇一五年四月一日号）／親や家族について（二〇一五年四月一五日号）／ひきこもっていた当時のこと（二〇一五年五月一日号）／ひきこもりから出たきっかけ（二〇一五年五月一五日号）／医療やカウンセリングについて（二〇一五年六月一日号）／親の関わり（二〇一五年六月一五日号）／居場所／人間関係という「溜め」（二〇一五年七月一日号）／働き出して意外だったこと（二〇一五年七月一五日号）

働き始めたあとのこと（書き下ろし）

第2章　「人並み」へのあこがれ

性と恋愛（『不登校新聞』二〇〇六年八月一五日号と、『りろーど通信』二〇〇六年八月号を元に編集）

『りろーど通信』（カッコ内は号数。月がないものは不明。以下同）

「人並み」へのあこがれ（二〇〇七年一一月）／反転する（二〇〇九年六月）／冠婚葬祭について振り返る（二〇〇九年一～三月）／旧友に会う（二〇一〇年一月）／ＯＣＤ（二〇一二年九月）／いろいろな実例（二〇一一年九月）／大河の一滴、川の支流（二〇一一年一一月）／The Shock of the Lightning（二〇一一年三月）／白い世界（二〇一一年一月）

何度目かの、桜の季節（小冊子『ひきこもりの経験から今、考えること』二〇一三年三月）

カウンセリング顛末（二〇一三年執筆、未発表原稿）

第3章　家族や支えてくれる人たちへ

『りろーど通信』

遠くに強くて近くに弱いもの（二〇〇六年七月）／家族がつくる互助システム（二〇〇七年九月）／お茶をいれる（二〇一一年六月）／おこづかい問題（二〇一二年一一月）

第4章　ひきこもりから働くということ

『りろーど通信』

掟の門／根拠なき自信（二〇一二年六月）／ひきこもり時給2000円（二〇一二年八月）／休日の憂鬱（二〇一〇年）／初めての給料で買ったもの（二〇一〇年一一月）／仕事が身近な環境（二〇一一年一二月〜二〇一二年四月ごろ）／揺さぶられるもの（二〇一一年四月）／A君は十八歳（二〇一四年九月）

MARK IS みなとみらい（小冊子『ひきこもりから働くということ』二〇一三年七月）

第5章　つながり

『りろーど通信』

いつのまにか変わるものごと（二〇〇六年九月）／After the Quake（二〇一一年七月）／自転車で旅する（二〇一一年一〇月）／家族について（二〇一五年六月）／家族という『溜め』（二〇一五年八月）

第6章　この社会への違和感
肉まんあんまん（『不登校新聞』二〇一六年五月一五日号）
『りろーど通信』
大雪のあとで（二〇一六年二月）／猫の手も借りたい？（二〇一四年四月）／地域の中の居場所（二〇一七年二月）／わたしたちよくやってるよ（二〇一三年二月）

第7章　この経験を伝えるということ
『りろーど通信』
大人の背中（二〇〇六年一二月）／生きなおし（二〇〇八年四月）／　語れるひきこもり：その光と陰について（二〇一七年三月）
NEWS23（『不登校新聞』二〇一五年一二月一五日号）

終章　どうして僕はひきこもったのだろう？（書き下ろし）

著者プロフィール

岡本圭太（おかもと・けいた）

1974年生まれ。早稲田大学第一文学部卒業。大学での就職活動の失敗をきっかけに、25歳までの約3年間、社会から距離を置いた生活を送る。20代後半は病院のデイケアや、ひきこもり当事者・経験者が参加する自助グループ等に参加し、少しずつ社会参加の経験を重ねる。30歳で就職。支援団体職員、若者向けの就労相談施設で相談員の職に就きながら、各地の行政機関や親の会、学校等でひきこもりに関する講演をおこなう。併せて、ひきこもり等に関する執筆活動を展開。神奈川県内でひきこもり支援をするNPO団体の月刊通信に寄せた文章を収録した、「ひきこもりからの生きなおし」シリーズの小冊子を計4冊刊行している。社会福祉士、精神保健福祉士。
https://hopehills.jimdofree.com/

自転車で北海道一周旅行をした
著者23歳のころ

ひきこもり時給《じきゅう》2000円《えん》

2023年12月10日　初版第一刷

著　者　岡本圭太 ©2023

発行者　河野和憲

発行所　株式会社 彩流社

〒101-0051　東京都千代田区神田神保町3-10　大行ビル6階

電話　03-3234-5931

FAX　03-3234-5932

http://www.sairyusha.co.jp/

編　集　出口綾子

装　丁　yamasin(g)

印刷　明和印刷株式会社

製本　株式会社村上製本所

Printed in Japan　ISBN978-4-7791-2932-2 C0036

定価はカバーに表示してあります。乱丁・落丁本はお取り替えいたします。